Mejorar la sociedad es posible,
depende de nosotos.
Propuesta de futuro.

1

Autor   Felipe López Moreno
ISBN   978-1512353853
Depósito legal   V2617-2013
Registro propiedad
            intelectual V-1128-13
Diseño de portada   Óscar Ruiz Casanova

Índice:

. Prólogo.   5

. Reflexión general.   9

. Propuesta.

    A) Crear un espacio de opinión.   18
    B) Compartir pensamientos sobre   30
    las cuestiones siguientes:

. Decir la verdad por los políticos.   31
. Educación y cultura.   33
. Estado de Bienestar.   37
. Sanidad.   46
. Cumplir la ley y control de los políticos.   61
. El político como buen padre de familia.   65
. Impuestos y cuestiones económicas.   67
. Circulación del dinero, banco público.   73
. Comunidades Autónomas y racionalidad
en el gasto público.   76
. Dualidad de trabajos y desempleo.   83
. Desempleo y medio ambiente.   87
. Limitación de las retribuciones y
de la especulación.   95
. Mesura en el dimensionamiento de las
instituciones públicas.   99
. Grandes empresas, productos elaborados
en países no democráticos, bancos
y entidades financieras.   101

. Varios:

  . Función pública: trabajadores
    públicos.   107
  . Sueldos de políticos y expolíticos.109
  . Investigación y desarrollo.   111
  . Televisiones públicas y sector
    del ocio.   112
  . Subvenciones.   113
  . Deuda, Europa y otras
    circunstancias.   114
  . Justicia.   115
  . Juventud.   117

. Resumen de las propuestas reflejadas
  en los apartados anteriores.   119

. Notas.   131

Prólogo.

La vida es un juego. En él todos debemos divertirnos.

Una idea tan sencilla es olvidada un día sí y otro también. Parece ser que algunas personas son proclives a pensar que las demás no tienen sus mismos derechos.

No es habitual que en el juego exista engaño, desproporcionalidad ni chantajismo.

Hace años que los poderosos empezaron a cambiar las reglas de convivencia para que cada persona sepa a qué atenerse: cada cual que arregle su vida como pueda. Esa parece ser la base de la teoría política sobre la que construir el nuevo sistema social.

El Liberalismo económico a ultranza y el Capitalismo son las doctrinas responsables del actual estado económico, ese que premia a quien tiene determinadas cualidades y castiga a aquel que es incapaz de pedir más de lo necesario.

Los seres humanos tenemos tendencia a caminar por la senda del egoísmo que agranda las diferencias económicas entre unos y otros.

Amasar riqueza es incompatible con la honestidad aunque quienes la amasen tengan argumentos para justificarlo.

La naturaleza no hizo a los hombres tan diferentes entre sí como lo somos hoy. Pudiera resultar digno pensar dar la vuelta a la tortilla: que quienes atesoran riqueza la pierdan y que quienes pasan hambre, a pesar de entregar su sudor a la sociedad, se repartan la riqueza de ese pequeño grupo que domina el mundo. Ni tanto ni tan calvo, sólo un poco más de dignidad. Sería conveniente leer, y releer, de vez en cuando la Carta Social Europea para visulizar los derechos sociales de las personas.

Cabe plantear si merece la pena respetar las normas por las que millones de personas pasan excesivas necesidades, mientras que un reducido grupo acumula riqueza y poder.

Es difícil comprender por qué la mayoría de la población soportamos que nos manipulen a cambio de un plato de lentejas, a pesar de que somos quienes las producimos. Han logrado hacernos pensar que lo consustancial al hombre es la desigualdad, aunque proclaman sin cesar todo lo contrario. A estas alturas de la historia de la humanidad esta situación no puede ni debe continuar, tiene que acabarse.

No podemos seguir permitiendo que de cada cien cosas del mundo noventa pertenezcan a diez personas y las otras diez a noventa. Que diez personas valgan más que millones de ellas no debe dejarnos dormir.

Nos dejamos engañar: miramos al dios que nos dicen, al rey que nos ponen, al político que nos embauca. No tenemos perdón. Claro que ese dios, antes, era alguien importante. Hoy es invisible, insensible, irreverente, malicioso, mata a traición con la mayor de las sonrisas, cuidadas, eso sí, para producir una imagen agradable. Ese dios es el mercado, ente carente de valores y con una sola idea: tener beneficio sin fin. Lo peor del caso es que somos la mayoría de los ciudadanos, quienes con dificultades llegamos a final de mes, los dueños de ese monstruo que hemos creado y que nos devora a su antojo.

Al mercado, también contribuye la suma del ahorro de las personas que guardan una parte exhigua de sus ingresos y lo depositan en una entidad financiera. A esa entidad le da vida quien maneja los rumores, especula y hace leyes para que la impunidad premie a los gestores de las finanzas: genios del ocultismo, virtuosos del arribismo, gentes sin escrúpulos que amparados en sus mullidos sillones canalizan con su codicia la de todos.

Los mercados*, esa suma del dinero que entre todos generamos, gastamos o ahorramos, están dirigidos por la avaricia que antes o después nos tragará si no ponemos remedio, aunque algunos crean que se librarán de ser engullidos por ese fantasma que alienta la desigualdad.

*España paga por financiarse en esos mercados cuarenta y cinco veces más que Alemania. (A finales de marzo de 2013 Alemania se financia al 0,139%, España al 6,20%)

Reflexión general.

A menudo advertimos malas actuaciones de quienes han de vigilar por el bienestar de la ciudadanía. Sus acciones están centradas más en el propio beneficio que en otros menesteres en los que deberían estar ocupados cumpliendo sus promesas electorales.

A nuestros políticos no les exigimos nada más que un comportamiento digno, consistente en el cumplimiento de su deber. El deber lo han trazado, escrito y predicado ellos sin ningún tipo de violencia ajena. Nos arengaron en las últimas elecciones, fueran éstas españolas, alemanas, portuguesas, italianas, francesas, ... nacionales, o supranacionales. Prometieron un mundo mejor, más justo y digno, en el que vivir sin angustia.

Vivir sin angustia no quiere decir que todos hayamos de tener los mismos bienes, pero sí una dignidad mínima garantizada que permita la legitimidad de alimentarse, llegar a fin de mes y sonreír tranquilos de vez en cuando.

Esa dignidad es garantía de pluralismo y de paz. Sin ella, la sociedad se desmoronará arrastrando a la ruina a todos sus componentes. Las catástrofes, como la muerte, no distinguen ni seleccionan a las personas, las aniquilan sin contemplación.

El mundo actual, convirtiendo en valores la codicia, la avaricia y la usura, ha fabricado un potente cóctel explosivo difícil de desactivar. En su elaboración han participado los poderosos que disfrutaban mientras veían cómo al compás de su proceso iban (y van) acumulando riqueza y poder a costa de los confiados súbditos, hasta hace poco ciudadanos.

Parece ser que nuestros dirigentes no son conscientes del peligro de la explosión del cóctel cuyos componentes de paro, pobreza, recorte de derechos y mensajes de miedo, están llevando al mundo occidental a una situación límite al dar cada día una vuelta más a su desesperanza.

No acabamos de creer que en muy poco tiempo hayamos pasado de la opulencia a la pobreza, de tener suficiente a carecer de lo necesario, de ver el futuro con relativa alegría a contemplarlo con lágrimas en los ojos, de mirar confiados la vida a retroceder más de treinta y cinco años en el progreso social.

El colmo del desconcierto es oír que esa masa anónima que llega a fin de mes estirando los euros como elásticos de atar dinero, es la culpable de los desaguisados económicos que la han sumido en un desastre.

Quienes han dirigido la sociedad hasta llegar a la situación actual son las personas que han detentado el poder político y financiero, aquellas que sí han vivido por encima de sus posibilidades al usurpar las de los demás.

La palabra poder produce desazón. Desde hace años es motivo de desconfianza. Ésta no ha llegado de la noche a la mañana, ha labrado su camino en los últimos treinta años al amparo de la democracia. Las buenas gentes que creyeron, defendieron y desarrollaron la democracia, no tuvieron en cuenta que en el rebaño se infiltran los lobos; olvidaron que un régimen político que defienda a toda la sociedad por igual ha de ser muy firme, precisamente por eso, porque, por desgracia, el hombre es lobo para el hombre.

(Puede verse el Dictamen del Comité Económico y Social Europeo sobre el tema "El papel de la sociedad civil en la lucha contra la corrupción en los países del sur del Mediterráneo", dictamen de iniciativa 2012/C 351/06)

Los principios constitucionales definen la persona dotada de derechos que la igualan en la dignidad. Esta declaración, amparada en la universal de los derechos humanos, no deja de ser un brindis al sol si para garantizarla no se articula un férreo sistema en su defensa.

En los últimos cincuenta años, la sociedad ha conseguido cotas de desarrollo inimaginables para quienes vivieron hasta la mitad del siglo veinte. Los logros han de contabilizarse como activo de todas las personas que con su esfuerzo ayudaron a hacer una sociedad habitable, en la que cada cual puso a disposición del conjunto su talento, buen hacer y sacrificio.

Nadie pidió cuentas, todos arrimaron el hombro según su posibilidad.

Esta sociedad, que se está destruyendo, retribuyó a cada uno de sus miembros con una recompensa adecuada a su aportación. No hubo escándalos mientras los parámetros de la retribución fueron admitidos dentro de coordenadas lógicas en la pirámide social

La convivencia empezó a socavarse al compás de la avaricia cuando, con el esfuerzo de la sociedad, se generó riqueza que los dirigentes políticos y financieros encauzaron a fines poco sociales e impropios de autoridad.

Se cambiaron los principios en que basar la vida: acumular, tener y aparentar, primaron sobre ser, conocer y respetar.

Robar se convirtió en virtud, engañar en arte. Los escrúpulos se aparcaron. El esfuerzo dejó de ser loable. Los ricos aumentaron su riqueza en la misma proporción que los pobres su pobreza. La alegría se convirtió en tristeza, los sueños en preocupación. Hubo líderes que, convertidos en becerros de oro a los que adorar, distribuyeron la abundancia. Fueron marionetas de sus programas llenando escenarios donde se decidió el futuro. A cambio, recibieron aplausos a sus propuestas, fueran buenas o malas. Las ideas se difuminaron, se sustituyeron por los nuevos valores: dinero y mercado.

Aparecieron como setas gurús de seda al pecho, mantel de hilo, fabricantes de discursos bien-sonantes y acciones escondidas. El espacio del poder se llenó de acólitos dispuestos a hacer reverencias para disfrutar de prebendas. Se perdieron los argumentos a favor del colectivo social. Lo importante era ganar, tener más, ser el primero, pasar a la historia.

En los últimos años, en los centros de decisión han pululado los pícaros cantando al dinero al socaire del Arcipreste de Hita. "Ande yo caliente y ríase la gente" fue otro motivo esencial de la actuación de embaucadores que vaciaron las cajas colectivas para llenar las suyas. Estas acciones han tardado mucho tiempo en salir a la luz. Cuando la situación se les ha convertido en insostenible han justificado sus andanzas en causas ajenas a ellos, en su poco conocimiento y falta de preparación: yo pasaba por allí, mi cargo era de representación.

Pero no han devuelto un ápice de lo robado y malversado, al contrario, están ufanos de sus acciones e inclusive han tenido la osadía de denunciar a las empresas esquilmadas. No se han vestido de harapos y han hecho penitencia.

Además de ser personas altaneras y desvergonzadas, pretendieron con su conducta, falta de los más elementales principios éticos, moralizarnos.

Probablemente son enfermos de avaricia que ven el mundo como una realidad virtual, pero a los enfermos hay que curarlos, en este caso, mediante la justicia.

La sociedad ha sido víctima confiada de una ideologización excesiva, y por ello sectaria. La administración, o lo que se ha hecho de ella, ha crecido sin justificación. La estructura de recursos humanos del servicio público ha estado dispuesta al favor de las siglas que en cada momento y lugar han ejercido el poder.

La televisión y, en general, los medios de comunicación, han resquebrajado los cimientos de la sociedad del esfuerzo y la han llenado de mentiras de aparente verdad. La pluralidad de información poco a poco ha ido en declive. La multiplicación de televisiones públicas ha estado fundamentada en la consecución de votos para mantenerse en el poder.

Es decir, el dinero público se ha gastado muy mal, mientras la adulación se ha convertido en virtud.

Lo dicho aquí puede ser compartido o no, levantar sonrisas o provocar exabruptos, sugerir futuro o hacer torcer el rictus, pero lo que no debe producir es un sentimiento de indiferencia, eso sería lo deseado por quienes del engaño han hecho su bandera para hacer una sociedad injusta en la que prime la apariencia frente a la verdad, porque a ellos les va bien.

Podemos esperar a que escampe, a que la situación actual la arreglen otros pues nosotros, para justificarnos, decidimos que no tenemos capacidad de arreglar nada.

También podemos asumir el compromiso de ofrecer nuestro esfuerzo para mejorar el entorno, dedicando al menos cinco minutos de reflexión al futuro.

Toda la sociedad merece ser feliz. Todas las personas merecemos ser felices. Ningún ser humano nació para padecer, aunque en estos tiempos el dolor y las lágrimas son excesivos. Hay que desterrar el sufrimiento.

Aunque solo sea por egoísmo, hemos de pasar a la acción que permita cambiar las cosas.

Tenemos la obligación de luchar por un mundo justo y feliz. Sólo cabe en la mente de los egoístas redomados que una persona valga mil veces más que otra. Si es así, y esto se mantiene, la violencia física estará justificada, como lo está hoy la violencia tranquila que se ejerce con las artes del engaño, las leyes injustas y la poca conciencia social de los poderosos que, además, dicen tener ideas cristianas

Hemos de ser conscientes de que el mundo pertenece a todos por igual, la pequeña parcela de tierra en que vivimos la cultivamos todos.

La mayoría de las personas somos víctimas de la manipulación por la información, de la tergiversación de los datos económicos, del marketing y de la publicidad.

La sociedad que se ha edificado a partir del voto de cada uno nada tiene que ver con la prometida. Los poderosos son muy capaces de imponer las reglas de la sinrazón y hasta de cambiar los gobiernos invalidando los votos.

Hoy se sientan en instituciones esenciales para el buen gobierno de la sociedad personas directamente implicadas en la producción de la crisis, y nos quedamos tan tranquilos. En Italia, la tecnocracia hizo olvidar la democracia, (con independencia de quién ejerciese el gobierno) El asalto al poder lo hicieron produciendo miedo, quitando la identidad y robando el futuro.

No debemos permitir que quienes han hecho la crisis no respondan de sus acciones y se queden con la riqueza que corresponde a todos y que amasaron con malas artes.

Quiero compartir estos pensamienos con quienes crean que pueden mejorar el futuro y sientan la obligación de dejar a sus hijos, a sus nietos y a las generaciones venideras, un trozo de tierra próspero en el que habitar sin angustia.

Por desgracia, la injusticia crece cada día y las lágrimas abundan. Es momento de poner coto al sufrimiento y rectificar el rumbo de la sociedad dirigida por gente a la que ésta parece interesar poco.

Es momento de iniciar acciones sencillas con las que dar un giro a la situación actual en la que el mundo no es de todos.

Ya es hora de no permitir que nos sigan embaucando y llenando de miedos.

Los causantes de la situación económica nos la venden día a día como insalvable con tal de ponernos del lado de sus decisiones, todas ellas consistentes en dejarnos más desprovistos y sumisos.

No podemos consentir por más tiempo que la felicidad sea patrimonio de unos pocos, ese diez por ciento que tiene el noventa por ciento de las cosas, casi el ciento por ciento de la riqueza, mientras que ésta se produce por ese noventa por ciento que apenas posee nada.

A los que tienen más poder y dinero, si lo piensan, tampoco les interesa esta situación donde el dolor se agranda a cada momento, pues su espiral también les alcanzará.

Por lo anterior, y al objeto de poder aportar a la sociedad ideas que puedan contribuir a la mejora de algunos de los aspectos que influyen en la convivencia

Se propone

A.- Abrir un espacio de opinión cuyas propuestas puedan ayudar a:

. La defensa e impulso de la dignidad de todas las personas.
. Cambiar el régimen electoral, requisito para hacer una sociedad más justa.
. Hacer prevalecer la ética.
. Eliminar el % mínimo para acceder a instituciones de representación popular.
. Recuperar los derechos que se han perdido en todo o en parte.

Vivimos en medio del desencanto. Una de las causas de éste es la forma en que elegimos a los representantes políticos.

El voto se entrega a una lista de nombres presentada al calor de un partido. Al partido le interesan personas sumisas que piensen poco, que no decidan por sí, que sólo muevan un dedo para apretar una tecla que lleva su decisión a una pantalla donde se computan los votos que aprueban las leyes. La disciplina del voto es sagrada y su sentido lo decide la cúpula.

Las decisiones más importantes para la sociedad las toma un reducido grupo que se ha aupado al aparato de los partidos, personas que a fuerza de medrar han llegado a la gloria.

Puede afirmarse que las decisiones en los partidos políticos tienen poco de democráticas. Figurar en la lista de aspirantes al Congreso de Diputados, o en cualquiera otra para pretender ocupar puestos de representación política, hace que los designados dejen aparte sus ideas y planteamientos en beneficio de ocupar un sillón que les hace brillar en el universo político. En consecuencia, los representantes elegidos no suelen ser los mejores posibles.

Es conocido por toda la población que la única posibilidad de cambiar el sistema electoral está en manos de los partidos políticos y que éstos no están por la labor.

Hay demasiados intereses en juego como para asumir por la clase política dominante un compromiso de cambio que les expulse del feudo que dominan gracias a la actual forma de elegir los Parlamentos. No quieren defraudarse a sí mismos conscientes de que si se presentasen en una elección abierta la mayoría de ellos no serían elegidos.

La elección de los representantes ha de encararse desde la perspectiva de elegir a los más entregados, a quienes acrediten vocación de servicio a los ciudadanos y demuestren haber realizado bien su trabajo.

Este tipo de ciudadano existe, pero no comulga con las ruedas de molino con las que los partidos, regidos por una oligarquía ansiosa de reverencias y convertida en casta, aplastan.

Optar por esta idea es más acorde con el espíritu de la Constitución. En ella se habla de igualdad en la ley, mérito, capacidad, eficacia y eficiencia, pero no de servilismo.

Hoy podemos ver cómo, amparados en el monstruo de la crisis permitida por quienes nos han gobernado y gobiernan desde los partidos mayoritarios, tanto en el ámbito nacional como en el europeo, esos principios no se cumplen.

Se plantea no pagar sueldo a diputados de alguna Comunidad Autónoma. De esa manera sólo podrán serlo quienes tengan suficientes recursos económicos. Vender la idea como mágica es una mentira, detrás hay mentes ocupadas en que la sociedad siga siendo desigual, es lo que más les interesa. No hay que olvidar que las leyes son el instrumento que conforma una sociedad y que éstas las hacen las personas.

Si las leyes las aprueban quienes más tienen, el resultado estará fijado de antemano.

Lógicamente hay que intentar cambiar la sociedad mediante compromisos asumibles y alcanzables. El punto de partida es ayudar a cambiar el gobierno de la sociedad ejercido por personas cuyos intereses no coinciden con los que dicen defender.

Basta leer las hemerotecas y repasar las noticias de nepotismo, enriquecimiento y mal uso de lo público de los últimos veinticinco años. No es posible esperar más tiempo, cuanto más se dilate la solución más grande será el problema que resolver.

No deben formar muchedumbe quienes sueñen perpetuar el actual estado de cosas en que abundan noticias poco edificantes.

Las personas para liderar posibles acciones, si el foro se consolida y lo decide, serán elegidas democráticamente antes de formalizarse en una organización social para intentar conseguir, desde la legalidad, los objetivos que se proponen.

La idea que se pone de manifiesto es sencilla:

Somos los dueños de nuestro futuro. No debemos dejar que nos lo usurpen. Somos responsables de cambiar la sociedad de forma democrática.

El régimen de gobierno democrático es el más idóneo para la convivencia pacífica y el desarrollo de todas las personas, pero tiene un reverso: exige participación, compromiso y vigilancia. La armonía social es esencial y parece que se olvide.

Todos los ciudadanos tenemos derecho a disfrutar de una vida digna y a rechazar esas diferencias que a unos procuran la mayor de las riquezas y a otros les hunde en la mayor de las pobrezas. El término medio hemos de hacerlo posible, es cuestión de ser conscientes de que debemos encontrarlo por el bien de todos.

La sociedad es responsable de que todos sus miembros se sientan útiles, dignos, queridos y capaces de vivir algo más que sufrimiento. **Tenemos el instrumento idóneo** para poder cambiar lo que pensamos que está mal. La toma de decisiones es de suma importancia. Estamos en una encrucijada y hemos de analizar qué queremos hacer, qué mundo queremos dejar a quienes nos hereden, cuál es nuestra contribución debida y obligada.

Es hora de abandonar el egoísmo y volver a defender la bandera de la solidaridad y del esfuerzo común, y encontrar la solución para conseguir un mundo más feliz. Esto lo podemos hacer en democracia y sólo en democracia.

Somos los titulares de los votos que se emiten en las elecciones para configurar las cámaras de representación popular. Hemos de convencernos de que con nuestra papeleta de voto podemos ayudar a caminar hacia una sociedad más justa.

No se trata de mirar al pasado sino al futuro, ni olvidar de dónde venimos ni quiénes somos, pero lo más importante es saber qué futuro queremos tener. Lo hecho no podemos corregirlo. El futuro depende de nosotros.

Es hora de fundamentar la convivencia en otros valores, para ello es esencial cambiar el sistema de elección de los representantes.

Después del paso de los años, el sistema ideado en la Constitución ha de rejuvenecerse para que la sociedad vuelva a ilusionarse y avanzar durante otro periodo de tiempo. Han pasado más de treinta y cinco años y cambiado circunstancias y pensamientos. La mitad de la población no tiene recuerdos anteriores a la aprobación de la Constitución y del posterior ensamblaje legislativo para convivir en paz.

La sociedad la han de hacer las personas que la viven. Todos tenemos el derecho y la obligación de aportar ideas y pensamientos para adecuar el buen gobierno a la época de nuestra generación.

Sin entrar a juzgar el pasado inmediato, que resultó positivo en su mayor parte, hay que pasar a reformarlo y renovarlo para adecuar la sociedad a las circunstancias actuales mediante una participación más transparente

El desánimo de la sociedad aumenta al ritmo de los acontecimientos que van saliendo a la luz. Una parte de la responsabilidad de ese desánimo es de la propia sociedad, subida a una maquinaria que ha funcionado casi por inercia, sin preocuparse de revisar todas sus piezas y engranajes de forma permanene.

La propuesta, resumida, es:

Abrir un foro de opinión, debate y consenso, para decidir, en su caso, la conveniencia de crear una organización social integrada por personas que asuman valores de entrega y servicio, siendo objetivo principal cambiar el sistema electoral para conseguir elegir directamente a los representantes.

Los miembros de la posible organización que pudiera nacer de esta puesta en común, y que con el tiempo fueran aspirantes a puestos de desempeño público estarían obligados a lo siguiente:

Al aceptar su designación, entregarían la carta de renuncia a su puesto, para el caso de obtenerlo, con la fecha en blanco, y autorización a presentarla en la institución de que se trate, si hubiera mal comportamiento en el desempeño de su trabajo.

El comportamiento debe ser sancionado por un Comité Ético en plazo inferior a cuarenta y ocho horas tras su conocimiento.

Podrá formar parte del foro de opinión quienes lo deseen, se registren y comprometan con los valores que se derivan de este texto.

Si como consecuencia de esta propuesta se formalizara una organización social, en sus primeros ocho años de existencia no podrán representarla para ocupar puestos públicos de trabajo quienes hayan ejercido representación política parlamentaria o cargos de relevancia en organizaciones públicas: consejeros, directores generales o cargos de superior rango, alcaldes y asesores en los gobiernos central, autonómico, provincial o local.

Es fundamental tener claro que quienes realicen trabajo como asalariados de la sociedad han de ser bien retribuidos para evitar desvíos en su atención y entrega.

La sociedad ha de garantizarse servidores públicos exclusivos y excluyentes.la base de nuestro ordenamiento jurídico es la igualdad ante la ley. Al respecto de la elección de los Diputados, podemos juzgar esta premisa viendo los datos de las Elecciones Generales de 2011 que se reflejan, referidas al Congreso, y observar las diferencias que se dan en la asignación de escaños.

Resultados de las Elecciones Generales del 20 de noviembre de 2011

ESPAÑA	TOTAL	PORCENTAJE
Censo Electoral	35.779.491,00	
Votantes:	24.666.392,00	68.9%
Votos nulos:	317.555,00	
Votos válidos:	24.348.837,00	
Votos blancos:	333.461,00	
Total votos	24.682.298,00	

Candidatura	Votos	% votos	Escaños	Un diputado vale votos	% escaños	Diferencia % votos - escaños	Respecto de la media un diputado vale
PP	10.866.566,00	44,03	186	58.422,40	53,14	9,12	-12.098,45
PSOE	7.003.511,00	28,37	110	63.668,28	31,43	3,05	-6.852,57
CIU	1.015.691,00	4,12	16	63.480,69	4,57	0,46	-7.040,16
IU	1.685.991,00	6,83	11	153.271,91	3,14	-3,69	82.751,06
Amaiu	334.498,00	1,36	7	47.785,43	2,00	0,64	-22.735,42
UPyD	1.143.225,00	4,63	5	228.645,00	1,43	-3,20	158.124,15
PNV	324.317,00	1,31	5	64.863,40	1,43	0,11	-5.657,45
ERC	256.985,00	1,04	3	85.661,67	0,86	-0,18	15.140,82
BNG	184.037,00	0,75	2	92.018,50	0,57	-0,17	21.497,65
CC	143.181,00	0,58	2	71.590,50	0,57	-0,01	1.069,65
BLOC	125.306,00	0,51	1	125.306,00	0,29	-0,22	54.785,15
FAC	99.473,00	0,40	1	99.473,00	0,29	-0,12	28.952,15
GBAI	42.415,00	0,17	1	42.415,00	0,29	0,11	-28.105,85
EQUO	216.748,00	0,88	0				
PACMA	102.144,00	0,41	0				
Eb	97.673,00	0,40	0				
PA	76.999,00	0,31	0				
PxC	59.949,00	0,24	0				
PRC	44.010,00	0,18	0				
OTROS:	208.563,00	0,84					
NULOS:	317.555,00	1,29					
BLANCOS:	333.461,00	1,35					
TOTAL:	24.682.298,00	100,00	350	70.520,85	100,00		
Sin repres	1.457.102,00	5,90					

Sin representación, lo marcado: 1.457.102 votos
Fuente: página INE y elaboración propia.

Un Diputado de UPyD cuesta más votos que uno del PP, 170.222; más que uno del PSOE, 164.976. Otros Diputados se consiguen con la mitad de los votos de la media. Por otra parte, hay que reseñar que quedan fuera del Parlamento 1.457.102 votos.

Candi datura	Votos miles	% votos	Escaños Ley OMH	Voto s 1dip mile	Escaño si igual n° voto	% escañ o ley	Difer escañ os ley y voto	Difer 1 diput Ley y voto
PP	10.867	44,03	186	58	154,1	53,1	9,12	31,90
PSOE	7.004	28,38	110	64	99,3	31,4	3,05	10,69
CIU	1.016	4,12	16	64	14,4	4,6	0,46	1,60
IU	1.686	6,83	11	153	23,9	3,1	-3,69	-12,91
AMAI UR	334	1,35	7	48	4,7	2,0	0,64	2,26
UPyD	1.143	4,63	5	229	16,2	1,4	-3,20	-11,21
PNV	324	1,31	5	65	4,6	1,4	O,11	0,40
ERC	257	1,04	3	86	3,6	0.9	-0,18	- 0,64
BNG	184	0,75	2	92	2,6	0,6	-0,17	- 0,61
CC	143	0,58	2	72	2,0	0,6	-0,01	- 0,03
BLOC	125	0,51	1	125	1,8	0,3	-0,22	- 0,78
FAC	99	0,40	1	99	1,4	0,3	-0,12	- 0,41
GBI	42	0,17	1	42	0,6	0,3	0,11	0,40
EQUO	217	0,88	0	0	3,1		-0,88	- 3,07
PACM A	102		0	0	1,4		-0,41	- 1,45
EB	98	0,40	0	0	1,4		-0,40	- 1,39
PA	77	0,31	0	0	1,1		-0,31	- 1,09
PxC	60	0,24	0	0	0,9		-0,24	- 0,85
PRC	44	0,18	0	0	0,6		-0,18	- 0,62
Otros	209	0,85	0	0	3,0		-0,84	- 2,96
V Nulo	318	1,29	0	0	4,5		-1,29	- 4,50
Voto Blanc	333	1,35	0	0	4,7		-1,35	- 4,73
Total	24.682	100	350	71	350		0,00	0,00
Sin repres	1.457							
Un Diputa	medio	cuest a	70.521	votos				

27

Elaboración propia.

Analizados los datos, convendría revisar el significado de términos como participación, representación, igualdad y proporcionalidad.

Con la elección de Diputados mediante listas abiertas, la sociedad cambiaría de forma sustancial. Hay que conformar un Parlamento más ajustado a la diversidad de la sociedad, del que nadie se sienta excluido. Somos un país descentralizado. Podría decidirse que la Comunidad Autónoma fuera la circunscripción electoral. En ese caso, el reparto de escaños en las elecciones de 2011 hubiera sido conforme lo reflejado el cuadro siguiente.

Si todos los diputados fueran elegidos con igual número de votos, el resultado sería el reflejado en el cuadro siguiente.

Todos los Diputados valen los mismos votos.

Territorios	Censo	Todos Diputados igual votos	Ley D`Ohm	Diferencia Añadir + Quitar -
Andalucía	8.370.975,00	62,31	60,00	2,31
Aragón	1.347.095,00	10,03	13,00	-2,97
Asturias	1.084.341,00	8,07	8,00	0,07
Baleares	1.106.049,00	8,23	8,00	0,23

Canarias	2.118.519,00	15,77	15,00	0,77
Cantabria	592.250,00	4,41	5,00	-0,59
Castilla León	2.559.515,00	19,05	32,00	-12,95
Castilla Mancha	2.098.373,00	15,62	21,00	-5,38
Cataluña	7.512.381,00	55,92	47,00	8,92
Comunitat Valenciana	5.111.706,00	38,05	33,00	5,05
Extremadura	1.107.220,00	8,24	10,00	-1,76
Galicia	2.797.653,00	20,82	23,00	-2,18
Madrid	6.458.684,00	48,08	36,00	12,08
Murcia	1.461.979,00	10,88	10,00	0,88
Navarra	636.924,00	4,74	5,00	-0,26
País Vasco	2.178.339,00	16,21	18,00	-1,79
Rioja, LA	322.415,00	2,40	4,00	-1,60
Ceuta	80.579,00	0,60	1,00	-0,40
Melilla	76.034,00	0,57	1,00	-0,43
Totales	47.021.031,00	350,00	350,00	0,00
Un Diputado	134.345,80			

Fuente: elaboracion propia.

De acuerdo a lo anterior, se formulan las siguientes propuestas en materia electoral con el objeto de posicionar este espacio de debate ante los posibles participantes.

0 .- Cambiar la legislación electoral con los siguientes puntos:

0.1.- Elección directa en listas abiertas.

0.2.- Eliminar el % mínimo para acceder a las instituciones de representación popular.

0.3.- Fijar como circunscripción electoral la Comunidad Autónoma.

0.4.- Asignación de Diputados en función de la población, corregida con la concesión de un diputado más a cada provincia que tenga menos de 300.000 habitantes, en tanto no se consiga lo anterior.

B.- Compartir pensamientos sobre cuestiones en las que fundamentar actuaciones para la mejora de la sociedad, al objeto de iniciar un debate plural para remodelarla, si es que ésta pone de manifieso esa necesidad.

1.- Decir la verdad por los políticos:

El pueblo español no está bien informado, la publicidad y la propaganda son excesivas. La política es un servicio a la ciudadanía y no tiene por qué estar sujeta a marketing. Los ciudadanos somos convidados de piedra a la fiesta de la soberanía de la que somos titulares. Debemos preguntarnos qué intereses mueven a los políticos para utilizar un lenguaje vacío, lleno en todo caso de buenas palabras.

El trasfondo malo de la política de los últimos años está siendo conocido, en parte, para vergüenza de propios y ajenos. Todas las patrañas que afloran son fruto de la mentira en que ha estado sumida la sociedad, debido a que se ha relajado la inspección de las acciones de los responsables públicos.

Las personas podemos tener muy buenas intenciones, pero la sociedad ha de desconfiar y estar al tanto por su propio bien. La sociedad es el patrono, el político su asalariado.

Bordear permanentemente por la línea del sí pero no y utilizar la doble vara de medir (En una Comunidad Autónoma vale una cosa como cierta y en otra es falsa), es un ejercicio que debe inhabilitar a quien lo realice. La verdad no ha de depender del color del cristal ni del punto en donde se viva. Mantener la postura de lo ancho para mí y lo estrecho para ti no debe ser virtud que defina a un buen líder.

31

La sociedad no ha de preocuparse por si le dicen la verdad. Votamos a los representantes pensando que no nos engañan. Depositamos en ellos la confianza plena. La verdad convertida en mentira hace un daño irreparable pues genera desconfianza. De ahí a llegar a decir que todos los políticos son iguales hay un paso. El desencanto planea sobre la sociedad como una losa difícil de levantar, y una sociedad desencantada ofrece un campo de cultivo para que crezcan populismos nefastos.

Un país en donde la mentira es habitual no funciona bien. Un país, donde quien gobierna hace todo lo contrario a lo que prometió para llegar a ocupar el poder, tiene el deber de exigir a sus gobernantes que se vayan a su casa. No es de recibo que se ganen elecciones con mensajes faltos de verdad.

La verdad debería presidir las acciones de todas las personas, empezando por quien más alto está en la pirámide social.

Sería bueno constituir un Consejo de Personas Sabias y Buenas capaces de reprobar a quienes, en política y en puestos de relevancia social, demuestren conducta impropia.

Mentir desde el poder debe tipificarse como delito. No vale ampararse en la ignorancia ni en el mal hacer de otros. Cuando se está en niveles de responsabilidad social la información debe impedir ampararse en el desconocimiento.

Propuestas:

1.1.- Ley de transparencia administrativa, de gestión y responsabilidad de los cargos públicos y de los distintos niveles de trabajadores de la Administración.

1.2.- Página Web de cada unidad administrativa con la publicación de los datos que gestiona, accesible a todos los ciudadanos a efectos de consulta y propuesta de acciones en ese ámbito.

1.3.- Eliminar los gabinetes periodísticos de los centros oficiales públicos como elementos de propaganda.

1.4.- Creación de un Comité de Personas Sabias y Buenas para vigilar el comportamiento de los servidores públicos, tanto de políticos como del resto de trabajadores, a instancia de ciudadanos.

1.5.- Cambiar la legislación para que los órganos de control presupuestario, contable y financiero estén formados solamente por personal técnico, sin dependencia de órganos políticos para su nombramiento, incluidas las Sindicaturas de Cuentas de las CCAA.

2.- Educación y cultura.

Todos los pueblos son el resultado de su educación y su cultura. En España las leyes que han regido la educación han sufrido excesivos cambios en el periodo democrático.

Un país tan cambiante es un país sin sosiego, sin el reposo suficiente para asentar su futuro.

Además, un país sin consenso es un país ideologizado, manipulado, proclive a las batallas sin sentido que restan tiempo para dedicar a asuntos más importantes. Las ideologías tienen perdido el espacio a no ser que asuman valores que potencien la convivencia y el desarrollo personal. La misión de la educación es hacer personas capaces de convivir en armonía y paz respetando a todos quienes tengan enfrente.

Una de las prioridades de quienes aspiren a dirigir la sociedad ha de ser la implantación de un sistema estable de educación pública en el que participen representantes del pueblo, con un consenso capaz de hacer leyes de las que su vigencia no esté supeditada a los cambios en la configuración del gobierno.

El responsable de la sociedad es el Estado y éste no puede hacer dejación de su obligación de hacerla mejor mediante la educación, pilar del futuro que se hace en el presente.

Pretender que el progreso sea lo que yo pienso y decido es una villanía que degrada el futuro. Volver a hacer distingos entre quienes más y menos tienen, dueños y esclavos, amos y lacayos, produce en el alma una inmensa tristeza imposible de superar desde una mínima cultura democrática.

La educación y el respeto son el motor que puede cambiar la sociedad y hacer iguales a las personas sin distinción de pensamiento, cuna, sexo o religión. La educación es la base del progreso, la tolerancia y paz. La paz es un pilar fundamental para el desarrollo personal. La mala educación y la incultura son el freno del porvenir. Comprobada la realidad de la desculturización, procede una lucha sincera por conseguir fijar los principios constitucionales, base de la convivencia, la paz y el progreso social. Volver al pasado educativo es tirar a la basura la lucha de millones de personas durante largas decenas de años.

Decía Gabriela Mistral que *"El futuro de los niños es hoy, mañana será tarde"*

Propuestas:

2.1.- Potenciar la escuela pública y plural como base del progreso social y la convivencia, mediante la transigencia, a través de valores de respeto y la admisión del otro como igual.

2.2.- Desideologizar los contenidos educativos en la educación obligatoria.

2.3.- Articular un sistema de becas que potencie el conocimiento, premie el esfuerzo y, en todo caso, contemple la insuficiencia económica, para quienes no puedan ser atendidos en colegios mayores.

2.4.- Regular la Formación Profesional para que sea una alternativa adecuada al desarrollo personal y de la sociedad.

2.5.- Adecuar las estructuras universitarias a la demandad real, y despolitizar sus órganos de dirección y gestión.

2.6.- . Fomentar programas educativos en las TV para niños y jóvenes.

2.7.- Poner en marcha un país innovador, con el futuro en el punto de mira, que permita a las generaciones jóvenes ser protagonistas de sus vidas y su tiempo, dedicando un Ministerio al futuro, la innovación y el progreso.

2.8.- Formación cívica desde los primeros conocimientos en la escuela, inculcando la idea de pertenencia a la sociedad.

2.9.- Potenciar la formación en las escuelas a través del diálogo permanente entre escolares, padres y formadores. Recuperar la figura del maestro como integrador y formador.

2.10.- Incluir en el sistema educativo a los niños de 0 a 3 años. Fomentar centros de actividades para todos los niños en donde trabajar las áreas de música, ciencia y deporte. Educación pública gratuita y de calidad para todos. Potenciar la figura del maestro rural.

3.- Estado de Bienestar.

La puesta en marcha del Estado de Bienestar es uno de los mayores logros de la sociedad civilizada. El hombre aislado se ha vuelto indefenso frente a las necesidades que le surgen día a día. Nadie es autosuficiente, es necesario el concurso de los demás para poder salir adelante y desarrollarnos . Cada día es más necesario que la fuerza común vele por las necesidades particulares de todos. Estamos necesitados de la asistencia del resto de la sociedad para poder cumplir con unos objetivos de vida dignos.

La sociedad actual es como un puzzle en el que todas las piezas son imprescindibles para obtener la imagen propuesta, no sobra ninguna y ninguna es más importante que las otras.

El Estado de Bienestar ha sido el motor de la cohesión de la sociedad occidental, y ha de seguir siéndolo, como elemento imprescindible para mirar al futuro con confianza. Ha elevado el nivel de autoestima de las personas y ha hecho posible una sociedad menos infeliz.

El Estado de Bienestar ha hecho real la igualdad en la dignidad. Poner en tela de juicio su continuidad implica un retroceso difícil de asumir.

Hoy se cuestiona la solidaridad necesaria para que la sociedad siga contando con el Estado de Bienestar que ayuda a hacer realidad la dignidad de las personas. Los defensores de su bondad hasta hace poco tiempo son parte de quienes están difundiendo las ideas para que desaparezca tal como lo conocemos. La razón es fácil: su volumen económico puede generar un buen negocio. No hay más.

Sólo hay que fundamentar el cambio en la insostenibilidad de su financiación pública, dar a conocer esta idea a través de la publicidad y convertirla en propaganda.

Dicen que los pobres no saben dirigir ni gestionar, que sólo saben hacerlo los poderosos. A éstos hay que agradecerles su preocupación y entrega, sin ellos la sociedad no sería lo que es. La desfachatez es evidente, en las hemerotecas puede comprobarse quiénes son los culpables de los desaguisados cometidos en nombre del progreso y del servicio público. A los gestores hay que analizarles el comportamiento a la luz de la ética y, en su caso, si procediera, exigirles cuentas mediante la entrega y devolución de aquello que juntaron como patrimonio sin justificación honesta.

Si hacer negocio del servicio público se lleva a término, la injusticia volverá a instalarse en una sociedad divida entre quienes tienen mucho y quienes apenas nada.

Mermar el Estado de Bienestar puede perseguir el beneficio económico a ultranza. No hay más que ver las cifras económicas que se manejan en la producción y pago de los servicios sociales para anhelar tenerlos en las manos. Por citar una cifra: el presupuesto de gasto cerrado en 2011 en la Comunidad Valenciana es de 15.165 millones de euros, si ésta es el 11% de España, el presupuesto conjunto liquidado por las Comunidades en este periodo debe estar sobre los ciento cuarenta mil millones de euros.

Es una temeridad desmantelar el Estado de Bienestar, su desintegración implica un serio obstáculo a la convivencia. En la actualidad hay síntomas de que el deterioro de los servicios públicos está creando ansiedad en la población que en cualquier momento puede convertirse en inseguridad.

La sociedad no puede ser pacífica viendo cómo, a su costa, se hacen negocios deshonestos: se reflota el capital de los bancos, se hace la vista gorda con la corrupción mientras se reducen sin pudor los derechos conseguidos a lo largo de muchos años, lo que implica que la sociedad cada día es más pobre porque los logros sociales han supuesto a modo de un plus en el salario.

Los políticos deben ponerse delante de los ciudadanos y convencerles de que el actual Estado de Bienestar no puede seguir adelante en los mismos términos, deben hacer saber que su dimensión es excesiva, que la "gratuidad" era una disculpa para otros fines, que la priorización de los intereses globales ha cambiado, que ahora impera el negocio. Si eso se hace, los ciudadanos tendrán elementos claros para poder decidir con su voto. No hacerlo demuestra poca valía pues adoptan la actitud del avestruz, (esconden la cabeza bajo el ala)

En los años de exceso se ha potenciado el consumismo de todo lo público. Esto, lo que ha producido han sido votos. La deuda que se iba acumulando se procuró obviar con argumentos en huida hacia adelante, tales como el manido de que el enemigo era el Estado. Esta conducta debería ser delictiva, lo único que se perseguía era obtener votos como tributo a la apariencia.

La responsabilidad del exceso de oferta no es atribuible a quien demanda servicios sino a quien los oferta para atraer con más facilidad los votos que permiten seguir ejerciendo el poder. El engaño no puede ser la moneda de cambio para recibir votos. El faraonismo se instaló en la clase política que lo vendió como debido a la ciudadanía, cuando lo que el mensaje escondía eran intereses particulares, de clase y de partido, sin decir la verdad económica.

Las explicaciones dadas por los partidos han demostrado ser parafernalia organizativa.

Lo loable, lo deseable, lo justo, lo debido a la sociedad es mantener el Estado de Bienestar para el disfrute de todas las personas, incluido el bien económico que genera el desarrollo de su actividad para el conjunto de la economía global.

El mantenimiento ha realizarse desde el punto de vista de la sostenibilidad. Ya se ha jugado bastante a ocultar la realidad con promesas que hicieron contraer obligaciones inasumibles. Posiblemente la sociedad estaría hoy en mejor situación de atención si desde hace treinta años se le hubiera explicado que todo tiene un precio y que este lo pagamos todos. Esta capa cultural debe promoverse desde el Estado a través de medios de información imparciales en donde, mediante debates, se conciten pareceres de la pluralidad de la sociedad sin intromisiones ideológicas, y se informe verazmente.

Es urgente que los líderes comuniquen a la sociedad, con verdad y rigor, cuál es el alcance del conjunto de servicios públicos para que ésta sea consciente en su toma de decisiones.

Caben muchas preguntas en torno a lo que denominamos Estado de Bienestar y de la solidaridad. Es importante saber hacia dónde va el gasto, pero igual de importante es saber hacia dónde van los ingresos. Sin ingresos no hay gasto posible.

No se ha analizado la oferta de servicios públicos con el crecimiento de impuestos. No se ha cuestionado si en las organizaciones públicas existen direcciones que pidan responsabilidad y eficiencia, que en el gasto público viene a ser el término equivalente a rentabilidad.

No es exagerado decir que en el ámbito político español se ha actuado como si todos los ciudadanos pudieramos comprar coches de la marca Ferrari, mientras que a título particular nos ilusionan vehículos de precios asumibles. El problema, si es que lo hay, es creado por los gobernantes, no por los los gobernados.

Son responsables quienes ejercen y han ejercido responsabilidades en la dirección de la sociedad y la han manejado como fábrica de votos para permanecer en el poder y, así, seguir haciendo lo que a sus intereses, individuales o colectivos, ha convenido.

El servicio público, en algunos aspectos, se ha desbocado, baste como muestra el botón de Valencia, invadida por la megalomanía que ha asimilado el servicio a una inmensa burbuja de utopía. La descentralización política tampoco puede mantenerse en los términos actuales por la enorme carga de salarios y por la permanente oferta de proyectos que se realiza a la sociedad, a no ser que se aumenten los impuestos o se racionalice el día a día.

Se ha hecho una prolongada carrera entre las distintas Comunidades Autónomas para ver cuál de ellas tenía mayor número de empleados públicos, sin analizar si los recursos humanos traspasados al asumir las competencias eran suficientes para prestar el servicio recibido.

Parte de esos recursos humanos nuevos, tras el traspaso de competencias, obedecían a criterios partidistas que no tuvieron en cuenta los principios marcados en la Constitución para el acceso a la condición de ser trabajador de las administraciones públicas.

La existencia de algunas estructuras de poder no tienen sentido salvo que su razón sea acoger a ex-políticos y ofrecerles un medio de vida, las Diputaciones, donde existan; otras, como el Senado, a no ser que se reconsidere su función tienen el mismo sentido, al igual que fundaciones y empresas públicas.

A la población se le ha vendido todo como posible a sabiendas de que no lo era. Basta mirar los informes de las cuentas de las Comunidades Autónomas realizadas por sus revisores.

El político, debería poder compararse a la figura del buen padre de familia del Código Civil.

Un buen padre de familia se esfuerza y se sacrifica al máximo, pero no se hipoteca hasta las cejas para que luego sus hijos la paguen, lo contrario reflejan los datos que aparecen en la prensa periódicamente respecto a la deuda del Estado, de las Comunidades Autónomas y de los Ayuntamientos. Parte de los políticos se han puesto como ejemplo de todo lo contrario.

A los administradores públicos les entró, desde hace veintitantos años, la prisa por hacer más, más y más. Demostraron al mundo lo que eran capaces de hacer impulsando una actividad frenética. Hacer no era muy difícil, otro cantar era pagar. La dinámica de realizar lo innecesario ayudó a llegar a la situación de dificultad en que aún estaremos inmersos mucho tiempo al haber gastado las posibilidades económicas de varios lustros.

Como consecuencia
hay mucho trabajo que hacer:

Impulsar acciones que pongan freno al sinsentido de admitir como servicio público cosas que no lo son (Televisiones autonómicas de dimensión desorbitada, construcciones mega lómanas, parques de ocio, externalizaciones de trabajos pagados a precios de oro, circuitos de velocidad, asesorías externas prescindibles, etc.)

Coordinar los gobiernos autonómicos, sujetos activos de gasto desmesurado y del que ahora se achaca la responsabilidad a quienes nada han tenido que ver.

Legislar con coherencia, exigir mesura, sistematizar subvenciones y eliminar aquellas cuyo cometido pueda y deba ser ejercido con los medios de la Administración o que representen ventaja de unos ciudadanos frente a otros.

Y por encima de todo hay que replantear y redefinir cuáles son los componentes y los límites del Estado de Bienestar y quién ha de prestar sus servicios. Este es uno de los puntos esenciales donde está en juego la cohesión de la sociedad.

Hay que saber que los servicios públicos dejados en manos de la sociedad del capital se ofertarán a la baja en cantidad y en calidad. Lo importante es garantizar que los prestadores del servicio no sean personas interesadas sólo en el ámbito económico. Esto es posible, como lo ha venido siendo hasta ahora, aunque es necesario corregir, mejorar y hacer partícipe a toda la población de que ella es el factor fundamental de esta actividad que procura bienestar y añade valor a las personas.

Propuestas:

3.1.- Determinar la cartera de servicios públicos.
3.2.- Acceder a ser trabajador público sólo ha de hacerse bajo los principios constitucionales: igualdad, mérito y capacidad. Los puestos de trabajo, cuyo desempeño implique el ejercicio de potestades públicas, han de ser cubiertos sólo por personal con la condición de funcionario de carrera.
3.3.- Reestructurar y ajustar las dimensiones de las administraciones y de las universidades públicas.
3.4.- Fijar la imposibilidad de que los proyectos privados invadan lo público.
3.5.- Imposibilitar por ley la propaganda de los servicios públicos.

4.- Sanidad.

Con independencia de las diferencias sustanciales que existen en la financiación de las CCAA, y que hace a unas más deudoras que a otras debido a las Leyes que sobre esta materia se han sucedido desde 1998 (1998 a 2001, Acuerdo de Financiación, Ley 21/2001, de 27 de diciembre, de financiación de las Comunidades Autónomas de régimen común y Ciudades con Estatuto, y Ley actual 22/2009, de 23 de diciembre, de financiación de las Comunidades Autónomas de régimen común y Ciudades con Estatuto), la sanidad ha sido un banderín de enganche aprovechado por todos los gobiernos territoriales para obtener votos.

Han proliferado demasiadas alegrías en la parcela sanitaria. Se han buscado fórmulas de éxito a corto plazo. Se han lanzado al mercado ofertas permanentes que han desequilibrado las posibilidades de financiación, como se ha puesto de manifiesto en varios territorios autónomos. Baste recodar que en la Comunidad Valenciana, en 1989, cuando se recibió la transferencia de la competencia sanitaria, los trabajadores de ésta, incluidos oficios de todo estilo, no llegaban a 20.000. En 2011, el personal alrededor de lo sanitario pasa de 70.000. La población no ha crecido a ese ritmo, ni los impuestos tampoco lo han hecho para asumir el gasto resultante.

En el gasto han influido diversos factores que van desde la excesiva oferta al incremento de la demanda porque a la población se le ha estado predicando que todo es gratis. Además, amparados en la poca rentabilidad del sistema público, cuestión que no se corresponde con la realidad, se ha recurrido a empresas externas en las que hay puestos de trabajo desempeñados por profesionales que trabajan en lo público y en éstas como segundo trabajo.

Hay que revisar el sistema de incompatibilidad, llegar al convencimiento de que hay que **pagar por hacer y no por ser** y exigir, si cabe, mayor eficiencia a los servidores públicos en aquellos ámbitos que sea posible.

No hay que tener miedo a pactar con el profesional sanitario su sueldo. Que se lo gane en lo público y no que a través de lo público se lo gane en lo privado. No es asumible que ni un solo profesional con toda una organización a su servicio no rinda en lo público al 100% y en lo privado sí. Esto, claro está, se refiere a quienes compatibilicen sus servicios en los dos sistemas. Deben buscarse las causas para encontrar las soluciones, ya que lo que está en juego es la pervivencia del sistema sanitario. La exención de la incompatibilidad sólo ha de contemplarse por interés público.

Hay cuestiones que han de analizarse y reformarse: arbitrar sistemas de copagos con una cartera de servicios por capas, decidir si activos y pensionistas han de pagar parte de las recetas de farmacia en función de la renta. No es posible que un trabajador mileurista con hijos a su cargo aporte copago en la farmacia y que un pensionista con la pensión máxima lo haga en menor cuantía. En el sistema de MUFACE todos los beneficiarios pagan parte de las recetas de farmacia, tal vez esto sea motivo disuasorio para gasto injustificado.

Ha de crearse, por las Comunidades, una cámara de compensación para la liquidación de servicios sanitarios entre ellas, por atender en unas a pacientes de otras. Cada Comunidad se financia con los impuestos de sus residentes.

Atender a residentes de otra Comunidad tiene un coste para la que presta el servicio y ha de compensarse de forma efectiva.

Hace años se pusieron en funcionamiento los mecanismos adecuados para concienciar a la población de que la mejor medicina también podía prestarse desde la empresa privada con una disminución sustancial de costes. Se puso en marcha la prestación del servicio sanitario a través de concesiones administrativas. Lo que se hizo fue ofertar concesiones creando hospitales nuevos que cubrieron necesidades de asistencia especializada en algunos territorios ya que su población tenía que desplazarse para recibirla.

Lo que debería haberse hecho fue reordenar los recursos humanos que venían atendiendo a esa población que debía desplazarse para recibir asistencia especializada en otros hospitales. Esto hubiera ayudado a mantener el nivel de gasto.

Como consecuencia de lo anterior se ha creado una estructura sanitaria cuya oferta ha generado una situación financiera dramática para varias Comunidades. Da la impresión de que se ha actuado en términos de votos, no de eficiencia pública. Las concesiones de servicios sanitarios han sido golosas políticamente por la rentabilidad de los votos, pero si se analizan conforme al coste asociado no han sido más rentables que las propias instituciones públicas.

El crecimiento del gasto sanitario público, allí donde se ha implantado la gestión privada, ha ayudado a crear enormes déficits económicos como consecuencia de una oferta excesiva.

La oferta sanitaria, sin racionalizar los recursos humanos y la desmesura, han generado un crecimiento espectacular del gasto en función de resultados electorales.

La asistencia sanitaria pública gestionada mediante concesiones, aparentemente es más barata que la misma prestación hecha desde lo público: (Centros de Salud, Hospitales Públicos), pero no lo sería si la Administración adoptase medidas de racionalidad en el gasto sanitario que hagan sostenible su continuidad, fijando mecanismos para la revisión continua dada la importancia que tiene para la sociedad.

Con independencia de que no se conocen los números que demuestren la certeza de la diferencia de coste, posiblemente la relación entre administración y empresas, en lo que se refiere a la interrelación de facturas que se cruzan por atender ambas a personas que no son de su adscripción, deba de regularse con mayor meticulosidad. El servicio sanitario público gestionado por empresas privadas puede llevar a que la calidad del servicio se resienta por la idea del beneficio. El volumen económico de la actividad sanitaria pública puede ser la base de negocios apetecibles. Las empresas no dudarán en utilizar todas las estrategias posibles para obtenerlo, aunque las concesionarias no deben presentar unos balances con mucho beneficio dada la situación que se ha ido conociendo en los medios de comunicación.

Los costes públicos y privados pueden igualarse y así mantener la garantía del servicio en términos de equidad para toda la población. Dada la situación actual, debe abrirse un debate para hacer sostenible el servicio sanitario. Este debate debería haber tenido lugar hace años, es más, debería ser permanente por la importancia que tiene, pues, el sanitario, es uno de los valores que más articulan la sociedad.

El servicio público sanitario deber ser analizado desde estos aspectos:
. Valores en que queremos sustentar la sociedad.
. Amplitud del servicio.
. Motor del servicio y liderazgo de la organización.
. Externalización de servicios y su necesidad.

La primera y principal revolución que necesita la sanidad es de carácter personal. Ésta la ha de impulsar la Dirección que gestione el personal en las Consejerías de las Comunidades Autónomas.

Si las organizaciones públicas estuvieran presididas por los **valores** de la **entrega** y los **sentimientos de propiedad y pertenencia**, sería innecesario recurrir a empresas externas para que prestasen servicios que pueden asumir aquellas, pues tienen profesionales excelentes y suficientes para alcanzar su cometido

Junto a lo anterior, debe despolitizarse la dirección de lo público. No es posible que la dirección de las principales empresas de cada zona del territorio nacional, y éstas son los centros hospitalarios, se ejerza, en general, por quienes piensan a la voz impuesta por el partido que detenta el gobierno, haciendo seguidismo y reverencias. Tampoco es posible retribuir esta responsabilidad con sueldos poco atractivos.

51

La amplitud del servicio ha regularse en una cartera idéntica para todos los territorios del Estado. Su extensión ha de fijarse por comités de expertos en los que la influencia política sea nula y la única premisa la relación coste-eficiencia.

Dejar la delimitación de los servicios en manos de políticos, profesionales sanitarios o no, ya se sabe a donde ha llevado: a la falta de planificación y consenso y al desasosiego en la definición y desarrollo de lo público.

Hubo una época en que todo era poco para ofrecer, se imponía la prisa de las promesas para obtener votos aunque éstas no estuvieran respaldadas por estudios concienzudos sino por ideas calentadas en la desleal pugna política. Las ofertas de servicios no han estado avaladas por informes económicos sino por recomendaciones políticas que han apuntado a la necesidad de inaugurar edificios y servicios buscando votos.

El motor del sistema y su liderazgo, ha de repensarse para darle un impulso a lo público que satisfaga a la sociedad durante otro largo periodo de tiempo exento de sobresaltos.

Ha de ser analizada la conveniencia de trabajar a turnos en los hospitales públicos al igual que se hace en los privados, la rentabilidad de las instalaciones lo requiere. Hay que dar un repaso al concepto de incompatibilidad del servidor público con cualquiera otra actividad, aunque haya que revisar las retribuciones con que la sociedad compensa a los profesionales sanitarios por su trabajo. El sentido común impide entender cómo hay planteamientos en función de que se actúe en lo público o en lo privado, esa dualidad no es justa ni defendible. Hay un sentimiento generalizado en la mayoría de profesionales médicos: no se sienten funcionarios.

Es difícil entender cuál es su fundamento pero ha calado en la sociedad y, lejos de ser una cuestión banal, tiene mucha relevancia para los planteamientos que puedan hacerse desde el ámbito de la organización. Quien realiza un trabajo para la colectividad desde un puesto de la organización del Estado es conocido como servidor público o funcionario. Esta impronta hace que la persona que ha elegido el Estado como patrono para ejercer su profesión tenga unas delimitaciones en cuanto a las condiciones laborales.

La primera característica que debe reunir este personal para con la empresa pública en la que presta su servicio, es la de saberse garantía en la prestación del servicio público sanitario a la población sin connotaciones empresariales ni de beneficio económico. Ello quiere decir que el Estado prestará el servicio con plena equidad a toda la población que tenga derecho a él, y serán los profesionales quienes lo hagan desde su código ético.

Además de lo anterior, la organización ha de vigilar estrictamente la utilización de todos los recursos, los humanos son los primeros que han de contemplarse porque ellos harán visible la organización que será su resultado.

Sin entrar a analizar el comportamiento del ciento por ciento de los recursos humanos, la realidad es que hay profesionales sanitarios que habiéndose formado en lo público y para lo público, y asumiendo una relación laboral con la administración, no son utilizados al cien por cien en su capacidad de trabajo, bien por decisión de la organización o porque lo han decidido así ellos y la organización ha transigido. También es cierto que hay profesionales que rinden más de ese ciento por cien.

La administración, empresa de todos los que pagamos impuestos, debe cambiar las reglas de juego, de lo contrario la sociedad seguirá pagando actuaciones poco coherentes. En ese caso, lo que cabe plantear es la búsqueda de soluciones con otros sujetos que la lideren.

Ninguna organización o empresa permite a sus empleados trabajar en la competencia. La sanidad pública sí. La organización sanitaria pública está prisionera de concesiones hechas a sus trabajadores más cualificados e importantes. Éstos, precisamente, son los que deben impulsar su actividad y la rentabilidad social.

Da la sensación de que lo público no es de nadie. Pero lo público es de todos por el hecho de pagar impuestos. Todos quienes pagamos impuestos somos accionistas del Estado, nuestra empresa, y por tanto debemos exigir el beneficio al que tenemos derecho: el beneficio social. Quienes trabajan en el sector público han de saber que ellos son empresarios, accionistas y trabajadores, con compromisos a la vez en los tres aspectos.

Si las personas dedicadas en el servicio público cumplieran con todas sus obligaciones habría ahorro de gasto. Si el rendimiento laboral de todo el sistema fuera el debido no harían falta tantas empresas externas que han multiplicado el coste del servicio, ni la estructura que se ha ido consolidando en el territorio nacional a costa de ofertas, demandas y presiones que no podían cubrirse con los presupuestos.

El sistema sanitario público requiere una revisión con la vista puesta en su sostenibilidad y mejora social, a no ser que las actuaciones de los políticos se encaminen a erosionarlo como antesala necesaria para entregarlo a la iniciativa privada.

En cuanto a la externalización de los servicios, es pertinente decir que el servicio sanitario público supone alrededor del cuarenta por ciento del presupuesto de cada una de las Comunidades Autónomas que son los sujetos que ejercen las competencias sanitarias.

En España, la cifra aproximada que en el año 2009 se destinó al gasto sanitario público fue de sesenta y cuatro mil millones de euros, más de diez billones de pesetas. De este importe, un cuarenta y seis por ciento corresponde a gastos de personal, unos treinta mil millones.

En torno a un treinta y siete por ciento, unos veinticuatro mil millones, corresponde a gastos de funcionamiento (limpieza, vigilancia, agua, gas, electricidad, comida, comunicaciones, logística, farmacia hospitalaria,...)

Las cantidades son tan enormes que su manejo puede traducirse en un negocio deseado por el sector privado como es manifiesto en los medios de comunicación.

De acuerdo a la Carta Social Europea, el servicio sanitario debe ser garantizado a todo el conjunto de la sociedad. Esta garantía es mayor si el servicio lo presta directamente el Estado en su conjunto.

Es evidente que hay que cambiar algunas concepciones, (ofertas de servicios, posible falta de rendimiento, intocabilidad del personal, etc.), rediseñar sistemas de trabajo, hacer que la administración sea una empresa de servicios rentable y de ilusión,... Pero lo que no debe consentirse por la sociedad es que la gestión de los servicios la hagan empresas cuyo objetivo es el beneficio económico.

Durante un buen espacio de tiempo, ha sido frecuente escuchar que el servicio sanitario prestado bajo la dirección privada es menos costoso. Este dogma para los defensores del sistema de gestión privada de lo público no es cierto con carácter absoluto.

En la Comunidad Valenciana, el gasto medio del ejercicio 2011 de la población asistida por el denominado modelo Alzira estaría en torno a 1.010 euros por persona, sin incluirse el coste de la medicina preventiva, la inspección y la dirección del conjunto de la sanidad, tomando como base los informes de la Sindicatura de Cuentas. El coste medio de la población adscrita al modelo MUFACE sobre 1.037 euros. El coste medio global de la sanidad pública valenciana, incluidas prevención, inspección y dirección, estaría en torno a los 1.250 euros.

El contrato que regula la relación entre la Conselleria de Sanidad y las empresas que gestionan el servicio público asistencial tiene dos partes en cuanto al pago del servicio: fija y variable.

La **parte fija** para el ejercicio de 2013, según las declaraciones del Consejero de salud, fue de 660 euros por persona del Departamento de que se trate.

La **variable** debe rondar 370 euros por persona. Este fue el importe medio que gastó la Generalitat en 2011 por los conceptos asociados a prótesis, oxigenoterapia, oncología y transporte por cada una de las personas de la Comunidad Valenciana. Términos excluidos de la cápita que se paga a las Concesiones.

La externalización de servicios sólo debe darse en aquellos en que no sea necesaria la formación médica o de enfermería: lavandería, limpieza, mantenimiento, comida, transporte, vigilancia y poco más.

Aun así dudo de que, a pesar de que es la tendencia política, sea conveniente: el objetivo principal del capital que crea las empresas, sea suficiente o exhiguo, es el beneficio económico, su razón de ser. Por ello el servicio resulta más caro: hay que pagar a los trabajadores y dar beneficio a las empresas que no suelen sentirse satisfechas con una rentabilidad corta. Claro que para afrontar una disminución de costes, en la Administración han de cambiar algunas cosas:

Los trabajadores públicos han de realizar su trabajo sabiendo que son empresarios.

Los trabajadores públicos tienen que saber que su responsabilidad social consiste en devolver a la sociedad el sueldo que cobran convertido en servicio.

La legislación laboral de los trabajadores públicos ha de permitir la expulsión del sistema de quienes objetivamente no demuestren su valía laboral.

Los trabajadores públicos solamente han de ingresar en su función mediante oposición, de acuerdo a los principios de igualdad, mérito y capacidad.

La actuación de los trabajadores públicos que ocupen puestos de responsabilidad ha de estar blindada frente a posibles actuaciones arbitrarias de los políticos, de tal manera que no puedan ser cesados de sus puestos salvo en el caso de que sus actuaciones sean calificadas por un juez como contrarias a derecho.

La prestación sanitaria pública no cabe dejarla en manos privadas, siempre habrá quien haga negocio de la enfermedad olvidando los valores de la equidad y la solidaridad.

La externalización de servicios sanitarios, en todo caso, ha de limitarse a concertaciones puntuales, nunca ha de darse como solución global. No obstante, dicho lo anterior, resulta que las empresas tampoco ganan dinero, que su negocio no es muy boyante.

Si en la Comunidad Valenciana toda la gestión sanitaria se realizase mediante este sistema de gestión privada, las necesidades presupuestarias serían mayores al presupuesto asignado: para 2013 hubieran sido necesarios 5.180 millones de euros, considerando una población de 5 millones y como media de gasto el estimado de 2011, sin contemplar los gastos de dirección de la Conselleria, salud preventiva e inspección. El presupuesto aprobado en 2013 para atender la salud de los valencianos fue inferior a 4.800 millones de euros

Los argumentos a favor de la gestión han de ser probados con datos, los que se dan tal vez no puedan hacerlo al cien por cien. Las experiencias de Valencia, Madrid y las de Castilla la Mancha, están conduciendo al deterioro de la sanidad conocida como emblema de nuestro país. A nivel económico, el servicio sanitario público de estos territorios es difícil, sólo hay que abrir los oídos, escuchar las noticias e intentar analizarlas. Esta competencia debe reordenarse y, en su caso, volver a prestarla directamente por las instituciones públicas.

Propuestas:

4.1.- Ajustar la oferta de servicios a la necesidad de la población. Delimitar por Ley la cartera de servicios públicos sanitarios a prestar de forma homogénea por todas las Comunidades.
4.2.- Racionalizar la organización sanitaria pública y trabajar en régimen de turnos. Determinar un sistema efectivo de productividad: pagar por hacer y no por ser.
4.3.- Revisar la incompatibilidad de todos los profesionales sanitarios públicos para prestar servicios en el ámbito privado empresarial.
4.4.- Rescatar las concesiones administrativas de servicios sanitarios públicos o no prorrogar los contratos cuando venzan, y, en tanto se consiga, hacer depender al Comisionado de Sanidad en las concesiones de la Consejería de Hacienda.

4.5.- Diseñar y prever mecanismos de revisión permanente del sistema sanitario público para hacerlo sostenible.

4.6.- Invertir en prevención y cultura de la salud.

4.7.- Prohibir que se publiciten inauguraciones de centros sanitarios durante el año anterior a las elecciones

4.8.- Regular los Ensayos Clínicos.

4.9.- Desgravar en renta el 15% del importe del recibo pagado a profesionales sanitarios como titulares de servicios privados o empresariales.

5.- Cumplir la ley y control de los políticos.

La ley organiza el comportamiento de la sociedad. Ésta no tiene que fiarse ciegamente de ninguno de sus miembros, por ello arbitra unas reglas que permiten a todos tener cabida en ella mediante la concreción de una escala de valores. La transgresión de estos valores determinará un resarcimiento a la sociedad.

Esto que es tan simple, y que tiene como fundamento el interés general, parece olvidado por los poderosos. Un sentimiento enraizado en la población cree que estos están excluidos de su cumplimiento.

Un país que no cumple sus propias leyes es un país que se construye sobre pillos, un país poco de fiar, un país ni serio ni creíble.

Estos incumplimientos son de quienes han tenido la responsabilidad de guiar a la sociedad y lo han hecho mal a sabiendas. Para asegurar el respeto absoluto a la Ley hay que poner trabajadores a vigilar, el beneficio de la sociedad será mayor que el coste que produzca. Si la ley se hubiera cumplido en toda su extensión, en las Instituciones Públicas no se hubieran producido desaguisados económicos que han desembocado en una crisis de valores empujada por un exceso de ardor partidista.

La inexistencia de leyes de transparencia ha hecho posible la falta de responsabilidad de quienes tuvieron a su cargo los presupuestos públicos sin oponerse un ápice a las directrices del gobernante de turno. La actividad política sin freno ha sido cooperadora necesaria de la crisis económica que ha deteriorado el progreso social.

A pesar de la realidad, los políticos no responden, nadie es responsable de la situación, en todo caso, la culpa la tienen quienes han mirado boquiabiertos cómo la prensa se ha ido llenando de noticias que dan vergüenza.

Es hora de regular la responsabilidad de quienes ejercen una actividad de representación y gobierno en cualquiera de las instituciones de derecho público.

Hay que regular la actividad política para evitar hechos que erosionen la convivencia.

No puede seguir la idea de que todo vale con tal de conseguir votos. No vale asumir como algo normal la mentira, por ese camino vamos a la desintegración de la sociedad. La falta transparencia y responsabilidad en el cumplimiento de la ley hay que tipificarla y controlarla.

El pueblo tiene necesidad de creer, de fiarse de aquellos a quienes ha elegido como su alter ego para que le ayuden, le dirijan y mejoren su situación. Hay que liberar al país de pillos o marcarlos para hacer imposibles sus acciones.

La solución está inventada, pero los políticos se han encargado de lapidar, o al menos lo intentan, al funcionario que es quien puede frenar sus disparates. La sociedad ha asumido que las prédicas de sus líderes son ciertas y han visto esta figura como enemigo cuando es su garantía.

Precisamente por la garantía debida a la sociedad, la organización de la Administración debe estar regulada con precisión de relojero para evitar los envites de las distintas oleadas de políticos que van sucediéndose, siempre con el mensaje de que son los mejores.

La existencia de una tierra de nadie en la pirámide de la organización pública la hace muy vulnerable y, en consecuencia, quien pierde es la sociedad.

En España sobran personas dedicadas a la política, nada tiene que ver su proporción con la de países del entorno europeo. Entre políticos, su personal de confianza, asesores, interinos, empresas externas, consulting..., la nómina es imposible de pagar, y para nada añaden valor a la organización pública.

Por otra parte, debe limitarse el tiempo en el ejercicio de determinados cargos. Uno de los males que nos aqueja como sociedad viene derivado del elevado tiempo de permanencia en el ejercicio del poder.

Ejercer cargos de relevancia al frente de instituciones como el Gobierno, la Alcaldía de las ciudades más importantes, los altos puestos de instituciones esenciales del Estado, presidentes autonómicos y las pirámides directivas de sus instituciones, debe limitarse en cuanto al tiempo de su ocupación. La profesionalización de estas misiones puede alejar de la realidad a quienes la ejerzan e impedir la justa y necesaria renovación entre generaciones.

Propuestas:

5.1.- Ligar el patrimonio de los políticos a la responsabilidad de su gestión.
5.2.- Limitar el tiempo del ejercicio del poder.
5.3.- Fijar que el desempeño de las funciones de gestión administrativa y económica para que sean realizadas sólo por funcionarios de carrera, inamovibles salvo por concurso.

5.4.- Limitar el tiempo de permanencia de traba jadores interinos en la Administración.

6.- El político como buen padre de familia.

La sociedad necesita tener líderes. Hay quienes quieren serlo y se ofrecen a través de los instrumentos que la propia sociedad ha ido dándose para gobernarse, los partidos políticos. Esos líderes, cuando son elegidos, se hacen depositarios de la confianza de la sociedad.

Con lo que no cuentan los votantes es con la mentira, esa verdad sesgada que suele impregnar los mensajes de los aspirantes a líderes y que, en todo caso, debería ser válida para deslegitimar al elegido una vez comprobada. La relación entre líder y ciudadano es de confianza y verdad, rotas éstas debe provocarse la expulsión automática de la persona elegida porque su elección la consiguió con engaño. Además, esa conducta quiebra la voluntad de los ciudadanos y se ahonda la sensación de que todo da igual en la vida política. El daño social es muy grande.

Una vez investidos líderes por la confianza de quienes les ponen al frente de la sociedad, la realidad se encarga de desmontar los mensajes que hicieron posible su elección. Hay elegidos que al poco tiempo de serlo empiezan a creerse imprescindibles, piensan que la sociedad sin ellos no tiene futuro, dan vueltas a sus pensamientos y rápidamente llegan a la conclusión de que los electores les han dado carta blanca para hacer y deshacer, para mangonear, volver los argumentos del revés y adoctrinar mediante mensajes a sus electores.

El conocimiento de acciones de algunos líderes, honestos posibles cuando decían sus mensajes en todas las tribunas, incitan a pensar en promesas falsas como antesala de las actuaciones que conducen a una deslealtad manifiesta.

Cuando se quiebra la confianza de la sociedad en sus líderes es muy difícil rehacer la ilusión. El mal ya está hecho. Cabe que la sociedad se arme de sentido común y exija aquello que le vendieron y que compró en un contrato falso.

Los líderes elegidos son responsables de las decisiones que la sociedad tomó siguiendo la verdad que predicaban. Si la verdad predicada era falsa, todos quienes la ofertaron son responsables directos de la elección que hicieron quienes confiaron en ellos, sean políticos, curas o banqueros. La mentira no debe tener ventajas aunque la realidad demuestre lo contrario. Los líderes son los padres de familia de la sociedad y cuando demuestran que no lo son deben arbitrarse medidas para prescindir de ellos.

Propuestas:

6.1.- Crear un tribunal de hombres sabios para analizar el comportamiento de los líderes en comparación a sus promesas y den a conocer su parecer cada trimestre en los diversos medios de comunicación.

6.2.- Firmar la renuncia ante notario a cualquier cargo público para el caso de manifiesto incumplimiento de sus promesas.

7.- Impuestos y otras cuestiones económicas.

Los impuestos son los instrumentos que consiguen los ingresos para el funcionamiento del Estado. La cuantía y la calidad de los servicios públicos dependen de estos ingresos, además de la forma en que se gestionen. El Estado no puede dar servicios cuyo coste sea mayor al de los ingresos obtenidos.

Hoy está mal visto pagar impuestos. En los últimos años se trata de imponer la idea de que pagarlos no es beneficioso. La raíz de esta teoría bien pudiera ser la de que los que más tienen no pueden ser molestados con sermones de solidaridad, los impuestos, para ellos, son injustos. Esto choca con la idea de que la solidaridad es uno de los principios, o valores, sobre los que construir la convivencia. Con menos impuestos, el Estado tiene que disminuir las prestaciones. Si esto ocurre, una parte de la sociedad quedará desprotegida.

No concuerda un Estado que sobre el papel es social y de derecho con un Liberalismo económico a ultranza y un Capitalismo salvaje, cuyo único fin es amasar dinero y patrimonio por unos pocos mientras los que menos tienen cada vez tienen menos.

Nuestra Constitución se fundamenta en la idea de solidaridad, por ello es injusto que las clases media y baja sean las que sostengan la estructura del Estado, que las rentas de capital contribuyan menos que las del trabajo, que se diseñen y aprueben leyes para eximir del pago de impuestos a sociedades de capital capaces de hundir un país, o que éstos sean mínimos.

Es injusto que las operaciones financieras especulativas no paguen al momento, o permitir jugar con la economía desde el lado financiero aupando o hundiendo la bolsa a capricho. No es justo que sean los ciudadanos quienes hayan de recapitalizar las entidades financieras cuyos decisores solamente buscan llenar sus arcas, aunque sea a costa de quienes tienen ingresos que no cubren sus necesidades básicas.

Es injusto eludir el pago de impuestos y aprovecharse de quienes lo hacen porque estos son más tontos, están más controlados o son más solidarios.

La desregulación del sistema financiero beneficia a los poderosos. Los hombres somos avaros por naturaleza y no pensamos en los demás a no ser que las leyes lo determinen y se vigile su cumplimiento. El Estado ha de procurar una armonía en todos sus componentes, lo contrario es admitir un funcionamiento del entramado social de consecuencias dudosas y poco previsibles.

Hoy es imposible hablar del Estado como regulador de la sociedad, no se admite esta idea. Quienes defienden la no intervención del Estado son parte interesada. Pero la realidad marca otra necesidad. Las personas, aun estando rodeadas por todas partes de otros seres, estamos solas. Solas no podemos subsistir, necesitamos la ayuda y el cobijo de los otros, esos que pasan al lado como números pero que son con quienes estamos relacionados en todos los aspectos de la vida. Ese convivir ha de estar regulado porque de ello depende que la sociedad sea próspera y pacífica.

Dentro de esa sociedad hay tantos casos particulares como individuos la conforman y, aunque no pueda regularse de forma exhaustiva cada uno de sus aspectos vitales, si que ha de pautarse el comportamiento tipo y cuáles son sus necesidades medias. Lo contrario es dejar en indefensión a la gran mayoría que no entiende de leyes, normas, ficciones económicas, ni de otras cuestiones.

Los datos estadísticos señalan que la economía sumergida en España está en torno al 23% del PIB. Si éste asciende a 1,150 billones de euros, resulta que están fuera de control de impuestos 264.500.000.000 euros. Ponderando el IVA de esa cantidad al 16%, tenemos una cuantía de casi 42.320 millones de euros que no llegan a las arcas públicas. Esta cantidad es más grande que la suma de los presupuestos de las Comunidades de Madrid y la Valenciana.

El Gobierno anterior, el actual y todos los de los últimos treinta años, no han querido tener una visión prioritaria de esta insolidaridad en la que los más listos, los que más tienen, son quienes menos contribuyen a la causa general. Estas personas no tienen derecho a disfrutar de los bienes de la comunidad, desde las carreteras hasta los parques, pasando por la sanidad, la educación y otros servicios sociales.

No pagar impuestos no es bueno para nadie, ni siquiera para quien no los paga porque el efecto multiplicador que tienen se elimina.

El pago de impuestos es la mayor de las solidaridades. Es la gran virtud civil que permite a quien por sí solo no puede tener una vida digna, que la tenga. Es la virtud anónima que ayuda a desarrollarse a la sociedad con lo que ésta aporta en su conjunto, cada uno según sus posibilidades.

Pero ocurre que el "lupus homini" está ahí dispuesto a aprovecharse de los demás. Por ello, la sociedad ha de ser consciente de que esos comportamientos van en su contra y los ha de regular mediante la intervención del Estado.

Un Estado democrático y social ha de ser firme en la defensa de todos sus miembros. Cuanto más lo sea, mayor será el bien que se alcance.

Una sociedad firme, justa, que encare el futuro con solvencia, ha de poner coto a esa insolidaridad que produce conflictos y malestar.

Esos conflictos son evitables, basta con poner a trabajar a las personas necesarias en la actividad inspectora.

El Estado no puede permitir que los pillos tengan ventajas frente a quienes en su vida no tienen resortes para defenderse del engaño, de la manipulación, de la usura y de la falta de conciencia social.

Podemos preguntarnos cuántas miles de consultas de profesionales de todo tipo hay en España que no contribuyen a la causa común. La solución es evidente: crear puestos de trabajo para hacer que paguen impuestos.

Se eluden impuestos utilizando empresas instrumentales para gestionar gastos comunes, facturar conferencias..., bajo esta fórmula se logra pagar menos impuestos que si se tributa como persona física. No es cuestión de legalidad, es cuestión de ética, o de moralidad.

Otra manera de ayudar a que el Estado ingrese menos son los beneficios fiscales a las grandes empresas que, en general, deben ser eliminados.

Propuestas:

7.1.- Igualar el rendimiento tributario del capital al de las rentas del trabajo.
7.2.- Controlar por ley la especulación mobiliaria e inmobiliaria. Incentivar la compra de vivienda, fijar su precio, sea primera o segunda residencia.

7.3.- Cambiar la tributación del IRPF de tal manera que los ingresos de rentas del trabajo superiores a 300.000 euros sean gravados de forma más progresiva.

7.4.- Potenciar la lucha contra el fraude y la economía sumergida.

7.5.- Impulsar en la Unión Europea los cambios de legislación necesarios para la armonización fiscal de las empresas en todos sus países con el fin de evitar las deslocalizaciones fiscales.

7.6.-Revisar, redimensionar y eliminar los beneficios fiscales a las empresas.

7.7.- Desgravar en la declaración de renta un 15% de las facturas de todos los profesionales a los que se haya acudido en demanda de trabajos, servicios, suministros y consultas, asi como por cuidados de enfermos y ancianos.

8.- Circulación del dinero, banco público.

Una sociedad que está cimentada para su desarrollo en la utilización del dinero no puede funcionar sin él.

Los artífices de la economía especulativa decidieron forzar la maquinaria del beneficio rápido y voraz, no dudaron en dejar temblando y desamparada a la economía real de la que se alimenta la sociedad que no sabe de ingeniería financiera, de beneficio rápido ni de especular a la baja en bolsa.

Esa sociedad utilizada siguió los consejos de los asesores de las entidades financieras, puso su confianza en las palabras expertas para pagar productos, reales o ficticios, a un valor inflado y cargado de promesas.

De repente, la actividad económica de la sociedad se ha paralizado, el dinero ha quedado prisionero de los bancos y de las entidades que por la avaricia forzaron la economía pensando obtener unos balances capaces de satisfacer a los usureros y a sus lacayos.

La maquinaria económica frenó en seco, redujo su velocidad drásticamente en un tiempo de imposible reacción. Como consecuencia, toda la sociedad que iba en el vehículo de la economía excesivamente lanzado salió por el parabrisas, y ahí sigue en la cuneta, desconcertada. A los causantes ha de exigírseles la responsabilidad. Quienes engañan, utilizan ardides o se saltan las reglas, han de responder ante la sociedad.

73

Pero lo que parece lógico para la mayoría de la sociedad no lo es para los poderosos, esos conductores arriesgados que utilizan la vida de los demás para triunfar porque no van a tener que responder ante nadie. Esos que saben que serán todos aquellos que han salido por el parabrisas quienes van a pagar la multa, el coche y la indemnización por el siniestro.

Más allá de la parábola, lo cierto es que ha ocurrido lo descrito y que la masa social, que nada ha tenido que ver en la responsabilidad del desastre económico, es la que ha pagado el pato y ha asistido como convidada de piedra a la salvación de entidades que se descapitalizaron por sus propias acciones.

Si el dinero que se ha utilizado en salvar a los mentirosos, a los urdidores de engaños, a los gestores que han hundido el sistema económico, se hubiera entregado a la sociedad en forma de puestos de trabajo y de concesión de créditos, en las mismas condiciones que se han dado a los bancos, ésta no estaría desesperada sino activa, ilusionada con su presente y su futuro, llena de vitalidad y empuje para dar cobijo digno a sus aspiraciones, que no son otras que las que supone una vida digna sin grandes pretensiones ni lujos, pero libre de las tensiones que hagan desembocar en un deterioro difícil de recuperar.

El Estado español, con el dinero común, ha lavado la cara de los malos gestores a los que se les ha exigido poco. Nos han acostumbrado a socializar las pérdidas, privatizar las ganancias y salvar a los pobres bancos, culpables de la situación actual, a costa de quienes ya han sido víctimas del sistema bancario que les ha hipotecado para obtener excesivos beneficios. Da la sensación de que todos los españoles seamos capitalistas con enormes sumas de dinero invertidas en bolsa: nos hacen temblar cuando ésta baja, pero nada se nos dice y repercute cuando sube.

Propuestas:

8.1.- Creación de una entidad financiera pública sin ánimo de lucro para apoyar a las pequeñas y medianas empresas, sean físicas o jurídicas, o potenciar el Instituto de Crédito Oficial (ICO)

8.2.- Creación de una entidad financiera pública hipotecaria sin ánimo de lucro.

8.3.- Obligar por ley a las entidades financieras privadas a destinar un porcentaje de su capital a dar créditos no usurarios a las pequeñas y medianas empresas.

8.4.- Impedir por ley que las hipotecas tengan asociadas garantías distintas del inmueble hipotecado.

8.5.- Legislar sobre la responsabilidad de los banqueros derivada de mala información y mala gestión.

9.- Comunidades Autónomas y racionalidad en el gasto público.

Nos acostumbraron a la oferta de todo lo público a cero euros, eso implica una demanda infinita, su consecuencia son endeudamientos excesivos. Explicar esto debe ser tarea de los partidos políticos, pues su responsabilidad va más allá de pretender gobernar aunque eso no sea rentable políticamente.

Pero es más fácil tomar otros caminos o atajos para obtener un puñado de votos. Esto es pervertir la política. Para eso no elegimos a los representantes.

Las formaciones políticas que tienen la pretensión y la posibilidad de gobernar han de introducir racionalidad en el sistema público. Tienen la obligación de no improvisar y el deber de procurar estabilidad social y emocional en lugar del desasosiego que viene soportando la sociedad española años y años.

El sistema ideado como forma de Estado en la Constitución tenía, entre otras, la misión de poner el servidor público más cerca de los ciudadanos.

Visto desde la historia hubiera sido mejor diseñar un Estado Federal que uno híbrido con demasiados estratos de mando que colisionan entre sí. Pero las circunstancias eran las que eran, y en la realidad del momento de su configuración fue una valentía plasmar en la Constitución las aspiraciones de los distintos pueblos que forman el Estado Español.

No puede enjuiciarse lo acaecido hace treinta y cinco años, sino mirarlo como milagro civil.

Hubiera sido acertado corresponsabilizar a las Comunidades Autónomas en la toma de decisiones de ámbito nacional. Al no tomarse las decisiones de forma colectiva se ha permitido tal diversidad de soluciones individuales que cada territorio ha resultado un pequeño caos al pretender ser mejor que los otros. Si hubo algo que falló en el diseño fue no pensar que al mando de las nuevas instituciones creadas llegarían personas demasiado ávidas de poder. Esto hizo poner en marcha promesas políticas sin límite para conseguir y conservar el gobierno. La venta de promesas a cambio de votos ayudó a iniciar el deterioro. Se activó desde el ámbito político el mundo del marketing, la publicidad y la propaganda como medios de pervivencia en el poder.

Los partidos políticos potenciaron los equipos de comunicación. Parecía que todos los gobiernos, tanto locales y autonómicos como el propio Estado, necesitaban de ministerios de propaganda. El sistema empezó a relajarse. Los políticos flexibilizaron las líneas rojas de las leyes de control. Se ofertaron servicios sin respaldo presupuestario cierto ilusionando a la sociedad que veía a quien se lo ofertaba como gestor ideal.

Las arcas públicas, capaces de soportar un desarrollo estable de la sociedad, fueron forzadas en beneficio de titulares de prensa y de actividades que no eran servicio público.

Los ingresos del Estado daban para los servicios considerados esenciales: educación, sanidad, seguridad y servicios sociales. Llegó la época de los faraones en la que los políticos eran capaces de hacer más con menos. Eso sólo fue real en los discursos enardecidos.

Aunque la sociedad estaba necesitada de sosiego y de explicaciones, no hubo ni sosiego ni explicaciones.

Tras los primeros años de actividad en el funcionamiento de las Comunidades Autónomas, con una sociedad relajada y entregada a los éxitos logrados, y cuyos pagos se aplazaban excesivamente, la situación económica empezó a complicarse debido siempre al enemigo ficticio, el propio Estado que no daba suficiente dinero.

El gasto institucional se multiplicó. El número de trabajadores públicos se incrementó de forma extraordinaria, a veces simplemente para ocupar a gente amiga. El coste del personal de las Administraciones Públicas, difundido en medios de comunicación, siendo la referencia el Instituto Nacional de Estadística, fue en 2001 de 68.728 millones de euros y en 2008 de 117.641.

En siete años el gasto de personal creció en el 71%. La pregunta es si el servicio público creció lo mismo en cantidad y calidad.

La prestación de servicios que no tienen carácter público se convirtió en símbolo de todas las Comunidades Autónomas. El mundo empresarial manifestaba su alegría aunque se retrasaba el pago de las obligaciones corrientes por los servicios esenciales.

Hay que revisar los puntos flojos de la legislación para que esto no vuelva a suceder y corregirlos con exigencia de responsabilidad a los gestores políticos que hayan estado, estén o puedan estar al frente de las instituciones y órganos encargados del dinero público.

Un instrumento para evitar lo anterior es la obligación de rendir información clara y veraz sobre los servicios públicos, que sea inteligible para todos los ciudadanos, coherente y garante de la sostenibilidad del Estado de Bienestar.

Las Comunidades Autónomas tienen la responsabilidad de la gestión de los servicios que afectan directamente a los ciudadanos. La prioridad en su actuar ha ser la transparencia y la adecuación a la realidad de los recursos con que cuenten. Hacer hoy más de lo que se puede es hipotecar el futuro.

El Estado debe coordinar y controlar la realización del gasto social en todo el territorio nacional. La inspección ha ser una actividad diaria para que nadie se salga del guión de la ley.

Otro aspecto fundamental es evitar las transgresiones de las leyes económicas con el argumento de que un territorio es discriminado frente a otros. La lealtad debe ser virtud política. Los líderes políticos de los territorios autonómicos han hecho sentir a sus ciudadanos que estaban discriminados en su financiación respecto a otros territorios, inclusive aquellos más mimados. Amparados en ideas partidistas han permitido y potenciado el sentimiento de la desigualdad y del maltrato. Esta semilla ha caído en campo bien abonado, ha dado muchos votos, aunque razones objetivas deberían inhabilitar a esos líderes pues transmiten como verdades engaños.

Era previsible que teniendo más gastos que ingresos la situación se fuera deteriorando, aunque esto se pretendiera paliar fiando la solución al futuro. La postura adoptada por quienes han tenido responsabilidades sociales ha sido la del avestruz, no han querido ver el peligro.

Impedir la actividad de los políticos que desnivelan la balanza de los ingresos y los gastos debe ser un objetivo permanente. Respetar este principio hubiera impedido que la Generalidad Valenciana hubiera llegado a tener una hipoteca de más de la cuarta parte de su producto interior bruto, más de treinta mil millones de euros, cinco billones de pesetas.

La realidad de una deuda desorbitada es la consecuencia del ejercicio descontrolado de la política. Quienes han permitido con su decisión y firma la situación creada deberían responder, han hipotecado a varias generaciones futuras que sufrirán las consecuencias.

Ninguna Institución Pública puede iniciar acciones carentes de respaldo económico. No respetar esto ha supuesto una losa difícil de levantar para la sociedad que si aplaude ese tipo de decisiones es por desconocimiento, inducido en la mayoría de las ocasiones.

La proximidad al ciudadano y el ánimo megalómano de los líderes políticos hicieron posible que España estuviera más hermosa, más visible, aunque lo que no dejaron ver en su crudeza fue la deuda acumulada en los cajones que se pretendió diluir durante años.

Ante esta forma de actuar hay que tener leyes de control que impidan a los responsables de esas acciones ejecutarlas y, en su caso, exigirles las responsabilidades oportunas.

Para evitar acciones similares, imputando obligaciones de pago a años venideros, es decir, sobre los hombros de nuestros hijos y nietos, hay que regular una Intervención fuerte, sin ninguna connotación política, pues es la garante del funcionamiento económico y financiero del Estado en su conjunto. La Intervención es quien debe vigilar que todas las instituciones públicas cumplan estrictamente las leyes económicas.

Propuestas:

9.1.- Hacer depender de la Intervención General del Estado las Intervenciones de todas las entidades públicas, eliminado la dependencia de órganos políticos.

9.2.- Crear una estructura de coordinación y vigilancia de los presupuestos de todas las entidades públicas.

9.3.- Prohibir modificar el presupuesto de las entidades públicas más de un dos por ciento en todo el ejercicio, salvo emergencias y con conocimiento del Estado.

9.4.- Crear una cámara de compensación para los intercambios de servicios entre las diversas Comunidades Autónomas.

9.5.- Crear un órgano de control para revisar las publicaciones de actos de contenido económico de las Comunidades Autónomas, así como de los tomados por los respectivos gobiernos aunque no se publiquen. Publicidad permanente de estos actos a través de páginas Web.

10.- Dualidad de trabajos y desempleo.

Hace muchos años se empezó a permitir a diversas organizaciones amortizar empleos. El propio Estado dió su conformidad a poder prejubilar personas en plenitud laboral. Este tipo de operaciones puso la aureola de grandes gestores a algunos directivos, siempre amigos del gobierno de turno.

Cuando esto se permitió debería haberse aprobado una norma con una condición muy simple: quien obtuviera una pensión con cargo al Estado no podría trabajar en ninguna otra actividad remunerada ni por el propio Estado, ni por ninguna institución o entidad pública, ni por una empresa privada, a no ser que, en cualquier caso, se suspendiera la percepción pública y se cotizase a la Seguridad Social. Pero ocurrió lo contrario, a quienes por una u otra razón se les prejubiló, se les dejó abierta la posibilidad de trabajar en cualquier ámbito.

Esta situación lo que ha provocado es la ocupación de puestos de trabajo por parte de personas prejubiladas que han competido con ventaja en el mercado laboral. Es una más de las disfunciones producidas al calor del Estado que discrimina a unos ciudadanos respecto a otros al permitir que los haya con ingresos derivados de varios trabajos y otros con ninguno.

La situación de pluriempleo de unos frente al desempleo de otros no parece muy justa por más que nos empeñemos en justificarlo con la libertad de mercado. Y no es que para ello se haya de implantar una concepción igualitaria, no, lo que procede es el reparto del trabajo, base de una sociedad justa.

El desarrollo de un trabajo hace que la persona se sienta útil, la aleja de los fantasmas de la desilusión, le abre las puertas de la esperanza, le da sentido.

Sentirse útil permite a cualquier persona formar parte de un todo social cohesionado en el que estar integrada.

Las personas paradas son consecuencia de una mala planificación de gobiernos que se han mirado demasiado el ombligo. Las circunstancias actuales del desempleo son fruto de una actividad económica marcada por intereses temporales, consentida por las fuerzas sociales que declinaron su compromiso de procurar una formación profesional sólida dejando a su suerte la investigación y el desarrollo, parapetadas en una actividad que propició ingresos con facilidad.

El gobierno debe ofrecer soluciones a su territorio, su trabajo consiste en buscarlas, si no es capaz de hacerlo debe dimitir. No le cabe escudarse en que éstas vienen impuestas desde fuera por haber cedido soberanía porque de eso la población general no entiende. No es de recibo ver a nuestros líderes de comparsa muda.

Y menos deseable es asumir como normal el discurso de que aún quedan tiempos peores cuando la situación es insostenible y el deterioro de la actividad económica ha llegado a niveles alarmantes. Mirar a Grecia, cuna de la civilización, da miedo, todo por la relajación de normas, por la falta de vigilancia y el entramado de mentiras de los gobernantes faltos de ética, visión, ganas e ideas. La insolidaridad económia, que abarca términos como especulación y evasión fiscal, produce escalofríos, tomemos como modelo a Alemania, Grecia, Francia, Italia, Portugal, a nuestro país, España, o a cualquier otro de la UE. No tiene sentido la beatífica Unión mientras no existan normas coherentes, honestas e iguales para todos sus ciudadanos. Mirar a nuestro país no es más halagüeño, tampoco lo es mirar al conjunto de la Unión Europea que únicamente parece atender a quienes ejercen el poder y deja de lado al común de los ciudadanos.

La situación de inactividad es mala para los parados, para la sociedad no es mejor. Una persona en edad de trabajar lo es más si se siente útil. El trabajo es fuente de riqueza en el ámbito más amplio que podamos definir. La atención al desempleo es una obligación debida aunque difícilmente amparará al parado frente a la desesperación.

Si analizáramos el aspecto psicológico y concretáramos económicamente los estragos producidos por la maldita crisis en los parados, veríamos una situación dantesca de pérdidas en el balance cuyo resultado final es una sociedad enferma. Esta situación quiebra la vida de las personas, desintegra la convivencia y pone de manifiesto una sociedad putrefacta.

La sociedad está atónita. Los parados, desorientados, que han perdido la esperanza, no merecen la derrota. Si la admiten, quien estará derrotada es la sociedad, y una sociedad vencida es una sociedad muerta.

España es un vertedero de desilusión, sin sentido y miedo al futuro por más que haya quienes intenten llenarla de resignación. Hay que darle la vuelta a la tortilla o se hará tan grande que nos aplastará a todos.

Propuestas:

10.1.- Incompatibilizar pensiones a cargo del Estado con la realización de trabajos, sean remunerados o no.

10.2.- Aumentar las cuantías de las prestaciones sociales para que todas las personas puedan tener una vida digna con la asignación que reciban.

10.3.- Equiparar las prestaciones sociales de menor cuantía a un salario mínimo digno, que ha de elevarse a importes de países del entorno.

11.-Desempleo y medio ambiente.

En España hay mucho territorio público que puede suponer la base para crear puestos de trabajo que permitan el resurgir de la esperanza para miles de personas.

Se estima en un 13% de la superficie nacional que es de 504.644 km2, es decir, el suelo público es de aproximadamente 65.520 km2, más que la suma de las superficies de Badajoz, Cáceres y Ciudad Real.

España, poco a poco, está pasando a ser un país desértico gracias a la acción del hombre y a un desarrollismo mal entendido. El medio ambiente puede ser un factor de reflotamiento de la economía, y por ello se propone un:

Plan medioambiental que oferte miles de puestos de trabajo para limpiar y repoblar los montes, limpiar, cuidar y repoblar los márgenes de carreteras de todo estilo, vías de trenes, caminos vecinales o cualquier espacio público..., con las siguientes características:

. Formar a los participantes para realizar este cometido.

. Pagarles una remuneración suficiente que les proporcione a ellos y a sus familias un nivel de vida decoroso (Carta Social Europea, Parte I, 4)

. Creación de una gran industria papelera y de reciclaje.

Lo anterior conseguiría tener ocupadas a centenares de miles de personas, recaudar más impuestos, ingresar cuotas a la Seguridad Social y, sobre todo, hacer que se sientan útiles esas personas para quienes parece que todo ha acabado, y si se acaba para ellas se acaba para la sociedad.

El Estado anotaría en las salidas de sus arcas importes en concepto de sueldos mayores a los pagados en concepto de desempleo, pero en sus cuentas de ingresos también anotaría cantidades muy diferentes a las que pudiera realizar por las mismas personas desempleadas.

Los gastos públicos sociales de sanidad serían menores. Los indicadores económicos mejorarían sin lugar a dudas y los psicológicos tendrían el efecto de reflotar a la sociedad.

Puede ser una utopía, pero poniendo esto en marcha se disminuiría el paro en un % muy elevado. Además, los beneficios del clima serían constatables a corto plazo.

Los sectores sobre los que se actuaría tienen una gran importancia económica: medio ambiente, formación, empresas de transporte, textiles, auxiliares, etc.... Hay que potenciar el consumo y dinamizar la economía.

Por supuesto que aquí cabe hablar de desaladoras. El agua del mar no se agota, los pros y contras en esta cuestión se compensarían a favor de los argumentos positivos por el efecto de una España verde. También cabe hablar de trasvases de agua. Daría lo mismo que el origen fuera el Ebro o el Ródano. Estaríamos hablando de inversión pública con efectos económicos multiplicadores.

España y Europa no pueden seguir viendo crecer la desilusión, hay que hacer lo posible y lo imposible en aras de la solidaridad y de la convivencia. Nos jugamos la partida de una vida digna a la que todas las personas tenemos derecho, con independencia del color de piel o ideas, acorde con lo regulado en la Constitución y en la normativa Europea. Es el Estado quien ha de mover la sociedad, es su razón de ser.

Se refleja a continuación simulación.

Aproximación al negocio derivado de la mejora medioambiental y del empleo				
	Coste	Coste	Valor total	
Concepto	medio	anual	millones	Impuestos
	mensual	en euros	euros año	millones E
PARADOS 2.000.000	800	11.200	22.400,00	
IRPF a ingresar al Estado			3.360,00	3.360,00
Seg Social: cuotas al Estado			4.480,00	4.480,00
PUESTOS TRABAJO 2.000.000	1.800	25.200	50.400,00	
IRPF a ingresar al Estado			8.568,00	8.568,00
Seg Social: cuotas al Estado			10.080,00	10.080,00

Volumen de negocio				
Euros día traslados/ persona	5		3.130,00	657,30
Euros dia/trabaj maquinaria	2		1.252,00	262,92
Plantones,semillas dia/trabaj	20		12.520,00	2.629,20
Autobuses necesarios	40.000		28.000,00	588,00
Empleos directos / IRPF	40.000	25.200	1.008,00	191,52
Empleos indirectos / IRPF	40.000	25.200	1.008,00	191,52
Cuotas S Soc empleos direc	40.000			322,56
Cuotas Se Soc empleos indi	40.000			322,56
Inversion infraestru agua año			5.000,00	1.050,00
Puestos trabajo: 10 por millón	50.000	30.000	1.500,00	
IRPF a ingresar al Estado				330,00
Seg Social: cuotas al Estado				493,50
Cuotas S Soc empleos indirec	60.000			0,00
Tranporte de agua: camiones	2.000			
Kilómetros camión año	100.000			
Euros por kilómetro	4		700,00	147,00
Inversiones vehículos: año			2.400,00	504,00
Puestos trabajo direc e indire	10.000	25.000	250,00	52,50
S Social: cuotas al Estado				80,00
Total puestos de trabajo	2,140,000			
Volumen de negocio			125.816,00	26.470,58

Gestión: Ayuntamientos.
Financiación: eliminación de subvenciones y préstamos a diez años,
con tres de carencia.

Otras industrias: papeleras, de reciclaje y alimentarias.

Elaboración propia.

En las circunstancias actuales cabe recordar la teoría Económica Normativa de Keynes que decía *"El gobierno debería gastar y bajar los impuestos para paliar las recesiones económicas"*

Keynes consideró la Gran Depresión como quiebra de la demanda. La gente no quería gastar(ahora no puede), como consecuencia, la economía se hundió. Keynes pensó que el Gobierno, el sector público, debía estimular la demanda invirtiendo en nuevos proyectos, facilitando dinero a las personas necesitadas o reduciendo impuestos para llenar el vacío económico del sector privado. A partir de activar la demanda las empresas contratarían a más trabajadores, esos trabajadores gastarían sus sueldos y así se iniciaría otro ciclo..."

El gobierno, decía Keynes, *"debería pagar a la gente por abrir zanjas en el suelo y rellenarlas después"*.

En épocas como la que vivimos, cuando la crisis parece irresoluble, los gobiernos deben poner las medidas oportunas para salir de ella mediante políticas de estímulo que permitan abandonar las tasas de paro que se soportan en países como España y que pueden generar inestabilidad social.

Los Ayuntamientos deben gestionar el plan por si mismos, o desde sus agrupaciones, y deben recibir préstamos a medio y largo plazo con carencia de los años que sean necesarios para obtener ingresos por la explotación.

Otro ámbito de trabajo que puede potenciarse desde lo público, para paliar la desesperanza del desempleo, es la reducción de horas de todos los conductores de líneas de autobuses, tranvías, metros y otros medios de transporte público, sin reducir las retribuciones para no mermar la calidad de vida.

La recuperación de la figura del sereno puede ser fuente de trabajo: cada mil habitantes de una ciudad pueden suponer un puesto de trabajo. Igualmente pueden incrementarse los limpiadores de calle, la limpieza también es un aspecto positivo que añade dignidad.

Este cuadro pretende reflejar cuál sería el efecto económico inicial de poner en marcha una apuesta por el medio ambiente.

Se trata de tomar una decisión y liberar a la sociedad del sufrimiento actual mediante el trabajo, al que todos tenemos derecho según la Constitución.

Según los cálculos que se reflejan en el esquema, pagar en concepto de trabajo frente a la prestación por desempleo supone una carga adicional al Estado de 28.000 millones de euros anuales. Si estos datos se cumplieran, las arcas públicas recibirían 14.560 millones de euros más pagando por trabajo y no por desempleo, y ello solo contemplando el ámbito de salarios directos.

Estas cantidades, comparadas con las que se han destinado a salvar entidades financieras, son pequeñas y añaden más beneficio social. Una proyección de datos necesarios para poder desarrollar la hipótesis planteada da como resultado la creación de empleo y cifra un negocio en torno al diez por ciento del Producto Interior Bruto del Estado.

La sociedad necesita en funcionamiento medidas capaces de reflotarla, lo contrario es destruirla. Esta misión corresponde al Estado. Completar el ciclo del consumo por la demanda que puediera generarse tomando como soporte el importe económico estimado, daría como resultado volúmenes mayores al contemplado.

Por otra parte, y al hablar de agua, una precisión más: en España hay decenas de miles de kilómetros de conducciones por las que ésta se pierde debido a filtraciones.

Sanear los cauces de ríos de cualquier dimensión y los canales de regadío de todo el territorio es otra fuente de trabajo que ha de ponerse en marcha para paliar el desempleo, además de ser un medio de ahorro de un bien escaso.

Esta propuesta de empleo disminuirá con los años al ser absorbido por los sectores que emerjan del plan.

El Estado debe planificar su efecto con un horizonte de medio plazo y, durante él, trazar alternativas de empleo una vez que el medio ambiente esté estabilizado y sea sostenible con menos medios.

Propuestas:

11.1.- Ejecutar el plan de reforestación, limpieza de los montes y aprovechamiento del medio ambiente. Incrementar las cabañas caprina y ovina para aprovechar los montes.

11.2.- Poner en funcionamiento un plan integral para aprovechar los excedentes de agua en algunas cuencas mediante inversión pública de conducción, trasvase y reparación de cauces para evitar pérdidas de agua.

11.3.- Poner en funcionamiento un plan de desa ladoras en las vertientes marítimas capaces de satisfacer las necesidades de agua de cada sector territorial.

11.4.- Rediseñar el sistema de almacenamiento de agua en las distintas vertientes para atender las necesidades de la población y la agricultura, capaz de cambiar el monocultivo hacia otras formas de producción de alimentos.

11.5.- Diseñar un plan de actuación para utilizar la resina de los montes y sustituir en lo posible productos derivados del petróleo.

12.- Limitación de las retribuciones y de la especulación.

Las retribuciones millonarias de algunos miles de personas en España son un escándalo. Parece que vivamos en un mundo virtual: un ciudadano medio gana 20.000 euros al año (los hay que ni la mitad), y otros, consejeros de entidades que dicen ganar muy poco, reciben un sueldo millonario en euros al año. No es asumible que una persona, en un horario de trabajo similar al del resto de la población activa, pueda recibir como pago a su esfuerzo cien, doscientas, trescientas veces más que otra. No puede ni debe permitirse tanta diferencia, admitirla no habla a favor de una sociedad evolucionada, más bien remite a la medieval que creíamos superada. Este hecho es uno de los fundamentos de la crisis económica y de valores que padecemos. La diferencia real del trabajo no lo justifica.

El valor del trabajo de una persona no puede retribuirse cien, doscientas o trescientas veces más que el de otra.

Las empresas de capital privado pueden pagar cantidades desorbitadas a sus gestores, pero en este caso han de gravarse con impuestos acordes a la solidaridad que representa y debe ejercer y exigir el Estado.

Asumir pagos desorbitados en empresas sin ánimo de lucro, de capital colectivo social o en empresas intervenidas es de locos.

Los dislates que se vienen descubriendo en entidades y los disparatados sueldos pagados son una burla a la sociedad. Lo que procede es la regulación del Estado para que esto no vuelva a repetirse y la contundencia del Gobierno con las actuaciones fraudulentas.

Este hecho supone una bofetada para la población en general. Los beneficiarios de estas retribuciones suelen ser banqueros, financieros, brokers, directores de grandes empresas de producción y distribución de energía eléctrica, de telefonía, de alimentos, de tejidos etc....

Todas estas empresas son monopolios a la hora de fijar los precios que paga la sociedad por los productos que no tiene más remedio que comprar.

Los impuestos, las comisiones bancarias, el precio de la energía, de los alimentos, del vestido, de las comunicaciones, podrían ser menores si los equipos directivos de estas sociedades tuvieran unas retribuciones menos ofensivas y el Estado interviniera a favor de la ciudadanía (El día 29 de abril de 2013 se conoce la noticia de que un consejero delegado bancario recibirá ochenta y ocho millones de euros de pensión)

El Estado, se dice, no puede regular las retribuciones con que el capital premia los servicios de quien lo hace más grande, pero lo que sí debe hacer es gravar esas retribuciones con impuestos progresivos que favorezcan a la colectividad que es quien soporta estos sueldos de disparate que se pagan desde monopolios sufragados por la sociedad.

Lo que sí puede y debe hacer el Estado es impedir que una persona gane, por ejemplo, más de cien veces que otra.

El Estado tiene la obligación de intervenir en beneficio de la masa social que soporta toda su estructura, es el principal garante de que se cumplan los mandatos de la Constitución, pero da la sensación de que se tome grandes periodos de vacaciones.

De las actuaciones del Estado se deriva el comportamiento y convivencia de la sociedad. Estas actuaciones las hacen las personas. Es a esas personas a quienes se les ha de exigir que cumplan con las determinaciones marcadas en la Constitución, como es la función pública de la riqueza que ha de estar al servicio del interés general.

Para mayor comprensión de lo anterior, el artículo ciento treinta de la Constitución dice *"..los poderes públicos actuarán.. para equiparar el nivel de vida de los españoles"*.

El Estado, y en su nombre quienes lo han dirigido y lo dirigen, ha hecho dejación de su obligación. Basta hacer un repaso a la situación actual fruto de la actividad económica presidida por la especulación y por el aprovechamiento del Estado por unos pocos. El Estado tal vez no pueda evitar que ciertas actuaciones nazcan pero su obligación es cercenarlas en beneficio de todos.

Un buen gobernante no puede mirar hacia otro lado viendo cómo la sociedad es dominada por gentes cuyo único dios es el dinero, porque este lo genera la actividad de aquellos para quienes escasea ya que otros saben cómo quitárselo de los bolsillos o impedir que les llegue. Todo parece orientado a los intermediarios que obtienen unas comisiones abusivas, bonos inmorales y sueldos del mismo calibre. Mientras, el capital aplaude.

Como sociedad no podemos eludir el compromiso, mirar para otro lado y dejar a otros la búsqueda de soluciones.

Propuestas:

12.1.- Hacer efectivo el mandato constitucional de la función pública de la riqueza.
12.2.- Limitar las ganancias de intermediarios de cualquier producto para que su beneficio no sea más del diez por ciento del precio pagado por él.

12.3.- Impulsar la oportuna legislación de la UE para aprobar leyes antiusura, limitando los rendimientos financieros.

12.4.- Impedir que una persona pueda ganar en España más de cien veces el salario mínimo interprofesional vigente cada año.

13.- Mesura en el dimensionamiento de las instituciones públicas.

Desde la aprobación de la Constitución ha resultado más que probado el sobredimensionamiento de la estructura de gobierno que se fijó en ella.

Si ciertas instituciones tuvieron misión ya la han cumplido. Debe replantearse y revisarse la estructura del Estado en su conjunto y analizar a la luz de la realidad si algunas tienen razón de ser por la duplicidad de competencias que realizan. Es el caso de las Diputaciones, donde existan, carentes de sentido por ejercer competencias duplicadas en otras Institiuciones, que sirven como refugio de políticos que han dejado la actividad como tal. A estos políticos, sus partidos los protegen a través de sueldos con cargo al erario público, lo lógico, si quieren mantenerlos de por vida, es que lo hagan con cargo a las cuentas de su organización. Las arcas públicas sólo deben soportar aquellos puestos necesarios para el funcionamiento de la cosa común, sin duplicidad de recursos humanos.

Pero no sólo podemos poner encima de la mesa la cuestión anterior, hay otras entidades que debidamente diluidas han supuesto una inmensa sangría a la caja pública. Es el caso de empresas y fundaciones ideadas para dar cobijo a gente de los partidos que no tienen un puesto de trabajo o una profesión de la que vivir y que han hecho de su actividad política el motivo económico de su vida. Estas entidades públicas, es decir, de todos, no cumplen con los principios constitucionales para acceder a un puesto de trabajo público. Además, no cubren ninguna función social.

Dentro de este apartado cabe hablar de una cuestión nada baladí: la dimensión de los gobiernos autonómicos, diseñada más para gobernar el Estado central que los territorios descentralizados. Estas dimensiones permiten la entrada a gente de los partidos, no otra cosas son los asesores y otras figuras que luego, intencionadamente, confunden con funcionarios.

Propuestas:
13.1.- Acceso a puestos de las Administraciones Públicas solo mediante procesos de selección de acuerdo a los principios de igualdad, mérito y capacidad.
13.2.- Limitar el número del personal asesor a veinticinco por cada gobierno autonómico y uno más por cada quinientos millones de euros de presupuesto.

13.3.- Supresión de las Diputaciones existentes, reducción de concejales y eliminación del Senado o replanteamiento de su función.

13.4.- Rediseño de los Ayuntamientos de tal manera que agrupen a una población mínima de dos mil habitantes entre términos de una misma provincia. Eliminación de asesores en éstos.

13.5.- Desaparición de empresas y fundaciones públicas e integración de sus funciones en la competencia de la entidad administrativa a la que estén adscritas por su materia.

14.- Grandes empresas, productos realizados en países no democráticos, bancos, entidades financieras.

Las grandes empresas, que emplean a millones de ciudadanos, tienen pendiente alguna asignatura para ejercer su mecenazgo sobre la sociedad: importan productos para su actividad en vez de elegir los nacionales, o deslocalizan el trabajo para que sus suministros tengan una menor carga de coste de mano de obra, aunque ésta sea ilegal o realizada por niños y esclavos. Sus dueños tienen patrimonios hechos a costa del trabajo de empleados a los que cada día les escamotean derechos, o de clientes que pagan sus poductos más allá del justiprecio.

Por la prensa conocemos el mundo de los paraísos fiscales donde estas empresas, o sus dueños, buscan refugio para el dinero amasado en cantidades ingentes, o sabemos la existencia de fondos de inversión milmillonarios creados con el sobreprecio que la ciudadanía paga por adquirir productos necesarios.

Deslocalizar empresas y ponerse la bandera de patriota no suena bien a pesar de los reconocimientos nacionales a quienes lo hacen.

Veneramos a personas reconocidas y les ponemos la alfombra para que caminen por ella mientras que tributan en otro Estado o buscan las mañas para tributar cuanto menos mejor.

A la Unión Europea le corresponde velar para que los productos que entren en su territorio hayan sido elaborados por personas con plenos derechos civiles, humanos y políticos, y en caso contrario desaconsejar su adquisición en vez de mirar para otro lado. La dignidad de las personas no ha de tener fronteras ni colores. Europa no puede competir en precio con los de los productos elaborados en países donde no existe el mismo nivel de derechos.

No pueden competir países democráticos con países donde la democracia no existe. Por ello, y en tanto en éstos no se respeten los derechos al estilo europeo, deben gravarse sus productos con aranceles que disuadan de hacer negocios donde no existen horarios ni derechos.

Es una cuestión europea, pero debemos contribuir a potenciar su regulación, lo contrario es tirar piedras a nuestro propio tejado.

De igual manera, y aunque no sea del ámbito de grandes empresas, no estaría de más regular los horarios de trabajo de los comercios regentados por extranjeros, la cultura de éstos es distinta y compiten con desigualdad respecto a los nacionales. Están en juego los derechos adquiridos a lo largo de siglos que ayudan a hacer efectiva la dignidad de las personas.

Bancos y entidades financieras, principales artífices de la crisis que ha arruinado a la sociedad, dejaron de dar crédito. Sus acciones especulativas tendentes a un beneficio rápido esquilmaron el país aunque su origen fuera externo.

Estas entidades no tuvieron escrúpulos en favorecer a quienes empezaron a engañar a la sociedad porque prefirieron obtener cuentas de resultados con beneficios espectaculares.

Sabían de los precios disparatados del sector de la construcción y eran conscientes de que se estaba formando una burbuja, una falsedad que empobrecería a quienes se dejaron aconsejar para obtener créditos con facilidad, totalmente desproporcionados a su solvencia y al precio real de la prenda para garantizar su pago.

Es hora de plantear controles y acciones de responsabilidad. La mayoría de personas que acudió a recibir crédito con el que adquirir una casa no lo hizo para especular, creyó, inducida por la publicidad y la propaganda, que las circunstancias del momento serían las que regirían en todos los años en que tendría encima la espada de Damocles de la devolución del préstamo.

No sólo en esta figura que resultó nefasta para el conjunto del sistema, sino tambien en otras de ventas engañosas de títulos con valor económico, la actuación de muchas entidades financieras fue, sencillamente, deshonesta. Estas entidades y sus directivos deben responder de sus mentiras. Durante todo el periodo del contrato, el valor del bien del que hizo y asumió su valoración para otorgar un préstamo debe permanecer inalterable. En caso de que el prestatario no pueda pagar el préstamo por causas objetivas, el inmueble debe ser suficiente para cancelar la parte pendiente de pago y obtener, si no todo, parte del dinero entregado. Ha de regularse la dación en pago como suficiente para resolver el contrato a la vez que las condiciones éticas del negocio bancario que siempre tiene las de ganar.

La avaricia y la mala gestión, en buena parte se corresponden con el mal ejercicio de la política que contribuyó a que algunas entidades fueran insolventes: no se calibró el riesgo de dar créditos por encima de la prudencia a personas que ni siquiera aportaban un trabajo estable. Cualquier nómina era válida para poder obtener un préstamo cuya cuota mensual era superior a su importe. Para corregir esa insolvencia, el Estado ha optado por darles enormes sumas de dinero a los bancos.

El Estado y, en su nombre, las personas que han manejado los recursos del poder de toda la sociedad, han redimido a estas entidades de su mal hacer. Estas mismas personas que administran la comunidad han olvidado a la inmensa mayoría en beneficio de quienes han llevado la sociedad a la ruina. El tiempo dirá, en muchos casos, por qué.

Resulta que a la sociedad media y baja los altos gestores públicos no le perdonan ni una, en cambio a los que más tienen les ayudan siendo los responsables del empobrecimiento de la sociedad que ve atónita cómo se destinan miles de millones de euros a corregir la gestión fraudulenta. Desde este punto de vista no es posible creer en la clase política, nacional y europea, que ayuda al gran capital en lugar de hacer que asuma sus responsabilidades.

En el caso del caos inmobiliario, las entidades financieras han hecho un negocio redondo: han vendido créditos con grandes beneficios. Cuando han tenido dificultades los prestatarios para atender los vencimientos, se han quedado con el bien. El prestatario sigue debiendo la cantidad que le faltaba para pagar el préstamo que va agrandándose con el paso del tiempo y el Estado le da a la entidad financiera el dinero que queda por pagar. Hubiera sido más ético por parte del Estado liquidar a la entidad financiera, al banco, la cantidad pendiente y pasar a ser acreedor del prestatario.

Si no se da esta solución por los gestores políticos, se pone de manifiesto que el Estado somos todos pero que de él se benefician sólo unos pocos. Después de esto a los políticos se les llena la boca de palabras huecas e indefinidas con las que pretenden camuflar su actuación.

Una entidad financiera es una empresa ¿Por qué no se le trata como a cualquiera otra si su gestión depende de personas puestas por los accionistas para velar por sus intereses?

¿O es que sólo la base de la sociedad es responsable de sus actos aunque sean fruto de la manipulación? ¿Qué clase de Estado tenemos? ¿Dónde está la función de vigilancia del interés general?

Debe articularse una ley que ponga a las entidades financieras al servicio del país y no al revés como viene sucediendo desde años.

Dice J J Rousseau que " *La igualdad de la riqueza debe consistir en que ningún ciudadano sea tan opulento que pueda comprar a otro y ninguno tan pobre que se vea necesitado de venderse"*

Propuestas:

14.1.- Regular las entidades financieras y de capital en función del interés general.

14.2.- Fijar los márgenes de beneficio y regular las valoraciones de los inmuebles para otorgar créditos.

14.3.- Limitar las retribuciones de los equipos directivos de las empresas financieras.

14.4.- Incentivar la localización de las empresas en núcleos de población rural para evitar la despoblación del territorio.

14.5.- Modificar el sistema tributario de las grandes empresas para que liquiden los impuestos donde realizan su actividad, no en su domicilio social central

15.- Varios.
Función pública: trabajadores públicos.

Hay que regular la actividad pública para que no se produzcan hechos que erosionen la convivencia de la sociedad. No puede seguir instalada en nuestra vida política la idea de que todo vale. Todo no debe valer. El ordenamiento jurídico hay que respetarlo para asegurar que las decisiones de los políticos se ajustan a lo que establecen las normas.

Nuestro sistema cuenta con la figura del funcionario. Los funcionarios no existen porque deba haber un grupo de ciudadanos que tengan garantizado un trabajo, existen porque para el funcionamiento de nuestro sistema democrático se prevee que haya un grupo de trabajadores que le puedan decir al político si su decisión se ajusta o no al ordenamiento jurídico, frenándola incluso si lo propuesto viola las leyes.

En los últimos años se ha desprestigiado la figura del funcionario y dictado normas que hacen cada vez más dependientes sus cometidos respecto de las decisiones del político.

Como sociedad es importante contar:

- Con trabajadores públicos que desempeñen sus funciones con equidad respecto a todos los ciudadanos.

- Con trabajadores que avalen o rechacen jurídicamente las decisiones políticas desde su independencia.

– Con trabajadores que cubran los puestos de trabajo público de acuerdo a los principios de igualdad, mérito y capacidad, sin que la puntuación de la hipotética entrevista de un tribunal sea superior al diez por ciento de la nota final del proceso.

– Con la aplicación efectiva de los procesos disciplinarios oportunos a quienes no cumplan su desempeño.

- Con un registro público de asesores de cargos públicos con sus méritos y limitación estricta de sus retribuciones al presupuesto aprobado que no podrá incrementarse mediante modificaciones presupuestarias.
- Con la eliminación de la figura del directivo público profesional externo.

Propuestas:

15.1.- La gestión administrativa y económica pública será realizada sólo por funcionarios de carrera.

15.2.- Fijar la obligación de articular oposiciones y concursos todos los año con las plazas necesarias para una atención adecuada de los servicios públicos, y la responsabilidad por su incumplimiento para quienes tengan esta tarea encomendada.

15.3.- Articular una organización pública independiente para garantizar la equidad en la prestación de los servicios públicos. Armonizar las retribuciones de los empleados públicos y eliminar diferencias entre sectores o instituciones pagadoras.

Sueldos de políticos y ex políticos.

Durante el ejercicio del poder ningún político debe cobrar más de un sueldo. El ejercicio de la actividad política retribuida debe ser exclusivo.

El ejercicio del poder no debe estar compartido con otras tareas que puedan desviar la atención de quien lo ejerce, empezando por los Diputados en el Congreso.

No es edificante conocer cada día noticias de que algunos ex políticos cobran centenares de miles de euros por sentarse en el consejo de administración de empresas de todo estilo, basta recorrer las hemerotecas de los periódicos para constatarlo.

No es edificante que quienes han ejercido cargos públicos a cambio de salarios tasados entre setenta y cien mil euros ganen al dejar los cargos políticos centenares de miles de euros e inclusive millones. Da la impresión que esas retribuciones millonarias responden al cobro de favores y eso, sencillamente, no es honesto.

Propuestas:

15.4.- Incompatibilizar la actividad política de representación parlamentaria y la de cargos electos que cobren un sueldo del Estado o de otras Instituciones Públicas con cualquier otra actividad remunerada.

15.5.- Imposibilitar la actividad laboral de ex cargos políticos con empresas del sector del que hayan sido responsables competencialmente, o con quienes hayan podido tener relación en su actividad político pública

15.6.- Exigir un dictamen vinculante del Consejo de Estado para otorgar la compatibilidad de trabajo de ex cargos políticos y, en su caso, dejar de pagarles asignación del Estado por su estatus.

Investigación y desarrollo.

Es inviable el progreso de un país sin investigación, sin educación, sin conocimiento y sin cultura. Que las generaciones en las que se ha invertido más dinero público en su educación tengan que irse a otros países es decepcionante y desmoralizador. Que el futuro se tire por la borda porque se derrochó el pasado dilapidando el dinero, es de locos. Este país no puede admitir que le roben el porvenir. Es cuestión de dignidad.

El esfuerzo hecho por la sociedad en la preparación y formación de sus ciudadanos ha de repercutir mayoritariamente en la mejora de la misma sociedad. Si se anima a que los mejores preparados abandonen el país, se elige el camino rápido para que el nivel de vida disminuya a corto y medio plazo.

Quienes gobiernan son los responsables del futuro del país, no anticiparse a él les deslegitima como gobernantes.

Propuestas:
15.7.- Dedicar a investigación, al menos un dos y medio del presupuesto de gastos del Estado y de las Comunidades Autónomas.

15.8.- Unificar las instituciones de investigación, sea cual sea su denominación, de forma que no haya más de una por cada territorio autónomo, siendo objetivo el reunir en un único centro nacional de investigación todos los recursos disponibles para ello.

Televisiones públicas y sector del ocio.

En nombre del Estado de Bienestar se han cometido errores de bulto que hace años empezamos a pagar. No tiene sentido mantener televisiones públicas en todas las Comunidades Autónomas con índices de audiencia que no justifican su existencia, a no ser por motivos políticos y de propaganda.

De igual manera, es incomprensible que el sector del ocio haya sido desde hace años un negocio incrustado en el servicio público cuando no lo es. Se ha ido a lo aparente sin ninguna justificación y ello ha provocado que las finanzas de algunas Comunidades estén al límite del colapso.

Propuestas:
15.9.- Aglutinar las Televisiones Autonómicas en una sola empresa que cubra los territorios de todas las Comunidades y esté al servicios de la identidad de cada pueblo, con una dimensión razonable, regida por un Consejo compuesto por tantos consejeros como autonomías y uno más por cada territorio que tenga población superior al millón de habitantes.

Subvenciones.

La subvención, normalmente, implica dar ventajas a unos sobre otros. No tienen razón de ser en la mayoría de los casos. Al igual que se subvenciona la propiedad de la tierra dedicada a labores agrícolas podría hacerse lo mismo con culquier otra propiedad o negocio. Mantenerlas hoy es mantener diferencias. Las subvenciones dadas a organizaciones sociales, sean del tipo que sean, hay que eliminarlas. Deben funcionar con las colaboraciones de sus fieles y afiliados. España es un Estado Social y no debe actuar como si fuera un Estado confesional. La subvención, si procede, es un derecho que nace del ordenamiento jurídico y como tal es debido.

Por ello, el Estado ha de poner en marcha acciones para paliar aquellas situaciones dignas de recibir lo que implica la subvención pero ejerciéndose tales acciones por el mismo Estado a través de sus empleados. Esto es ejercicio de igualdad y evita las posibles discriminaciones por otras cuestiones como ideología, afinidad... etc.

El importe de las subvenciones ha de dedicarse a dar una renta mínima a la población que no tenga recursos para vivir y a financiar proyectos de empleo común. Esto articularía más la sociedad desde el punto de vista de la Constitución.

Deuda, Europa y otras circunstancias.

La vida de la sociedad gira en torno a la economía como antesala de los impuestos que la hacen funcionar en términos de solidaridad. Los ciudadanos entendemos las situaciones si se nos explican. Sabemos que con menos impuestos no pueden prestarse más servicios, eso sería magia.

No se trata de magia sino de sensatez, de sentido común. Está en juego lo más importante: la dignidad de las personas. Antes de arrasar los derechos nos tienen que explicar a dónde van los impuestos. No puede devolverse la deuda consentida con la inmediatez que exigen quienes fiaron a largo plazo, eso es un suicidio.

Procede planificar la devolución de lo que se debe sin estrangular la vida del deudor. Procede asumir la deuda en la que hemos incurrido, pero ha de verse de qué manera podemos devolverla. No es cuestión de negarse a pagar, pero necesitamos un periodo más largo para no seguir rompiendo nuestra economía y pasar a un estado donde el caos puede ser el resultado. Si se estrangula la vida económica no hay posibilidad de devolución de los créditos pues no habrá desarrollo que lo permita.

Un sano ejercicio de disciplina económica solidaria europea es la única solución viable a tanta desazón.

No cabe desacelerar el gasto y ponerlo en las cifras de hace décadas, en todo caso lo que procedería sería su ralentización para poder controlarlo mientras que el consumo ha de seguir siendo el motor de la economía. Como medida complementaria, los compradores de deuda, llevados por la especulación, deben ajustar sus ingresos por intereses a unos precios razonables y justos. Europa, o sale unida de la crisis o se hunde unida a no ser que se realice el camino inverso al realizado, es decir, que se vuelva a la individualidad de cada país que la integra con el riesgo de reeditar historias de humillación.

Justicia.
La justicia, que es la cláusula de cierre del sistema democrático, adolece de connotaciones que a la ciudadanía le parecen contrarias a la Constitución: si las personas somos iguales ante la ley, la justicia actual no parece que esto lo haga realidad.

Da la impresión de que, salvo alguna rara excepción, hay una justicia para los poderosos y otra para el resto de la sociedad.

La justicia, para ser tal, ha de ejercerse con celeridad. Para nada sirve en la mayoría de los casos una sentencia recaída a los diez años del hecho que la motiva. La justicia tiene que ejercerse con las garantías del ordenamiento pero sin dilación. Una justicia lenta no es justicia.

Como uno de los poderes en los que se asienta la democracia, la justicia ha de ser independiente y estar desvinculada de los otros dos poderes, éstos no pueden interferir en los nombramientos de jueces ni en la conformación de los órganos que regulen su funcionamiento. La justicia no puede tener tinte ideológico en su aplicación, esto la priva de equidad y por tanto la hace inexistente. Los dictámenes con trasfondos ideológicos no son sentencias justas.

Propuestas:

15.10.- Revisar los plazos de los procesos judiciales para poner la justicia al servicio de los ciudadanos. Arbitrar medidas para terminar con el retraso histórico en la aplicación de la justicia.
15.11.- Modificar todas las normas referidas a nombramientos de las personas que ejerzan la justicia y gobiernen sus órganos para eliminar cualquier intromisión de los poderes legislativo y ejecutivo en el judicial.
15.12.- Revisar las gradaciones de las penas vigentes, aumentando aquellas que se refieran al daño infringido a la sociedad, sea económico o moral.
15.13.- Eliminar los aforamientos de personas en razón de su cargo, pues éstos no hacen otra cosa que agrandar las diferencias, lo contrario que marca la Constitución.

15.14.- Eliminar cualquier tasa para ejercer el derecho a acudir a los jueces sea cual sea su grado o el del órgano a que pertenezca.

Juventud.

Con independencia de las referencias vertidas a lo largo de lo escrito en este libro sobre la franja de edad que abarca la juventud, hay que poner de manifiesto que las sociedades son lo que fue su juventud y las del futuro serán lo que la juventud del presente sea.

Por lo anterior hay que incidir en el papel que la juventiud tiene a la hora de configurar el tejido social cuyo fin es procurar que todas las personas vivan en y con dignidad.

Para poder cumplir con la premisa de que todas las personas vivan dignamente, hay que ayudar a los jóvenes a ser generosos, a mirar mas allá de su propio ombligo, a poner su valor al servicio de los demás como única fórmula de que todos los miembros de la sociedad tengan un desarrollo feliz acorde con lo que son.

Desde esta perspectiva, ninguna sociedad puede prescindir del impulso de las personas jóvenes, entre otras cuestiones porque son la esperanza del futuro y siempre son el enlace entre el pasado y el porvenir, porvenir que es donde vivirán siempre.

Me gustaría que lo que se pretende con el planteamiento que aquí se pone de manifiesto fuera recibido, asumido e impulsado por personas que estén en la franja de edad comprendida entre los dieciocho y los treinta y cinco o cuarenta años. No es que las personas con más edad no tengamos nada que ver, no. Se trata de hacer recaer los cimientos de la sociedad sobre los pilares fuertes que éstas representan. Los de mayor edad podemos aportar experiencia, visión, sabiduría, pero el impulso corresponde a los jovenes.

De sabios es poner en funcionamiento la renovación permanente y saber que el futuro está naciendo a cada instante.

RESUMEN DE LAS PROPUESTAS REFLEJADAS EN LOS DISTINTOS APARTADOS.

0.- Régimen electoral: Cambiar la legislación electoral con los siguientes puntos:

0.1.- Elección directa en listas abiertas.
0.2.- Eliminar el % mínimo para acceder a las instituciones de representación popular.
0.3.- Fijar como circunscripción electoral la Comunidad Autónoma.
0.4.- Asignación de Diputados en función de la población, corregida con la concesión de un Diputado más a cada provincia que tenga menos de 300.000 habitantes, en tanto no se consiga lo anterior.

1.- Actuaciones administrativas: transparencia:

1.1.- Ley de transparencia administrativa, de gestión y responsabilidad de los cargos públicos y de los distintos niveles de trabajadores de la Administración.
1.2.- Página Web de cada unidad administrativa, con la publicación de los datos que gestiona, accesible a todos los ciudadanos a efectos de consulta y propuesta de acciones en ese ámbito.
1.3.- Eliminar los gabinetes periodísticos de los centros oficiales públicos como elementos de propaganda.

1.4.- Creación de un Comité de Personas Sabias y Buenas para vigilar el comportamiento de los servidores públicos, tanto de políticos como del resto de trabajadores, a instancia de ciudadanos. 1.5.- Cambiar la legislación para que los órganos de control presupuestario, contable y financiero estén formados solamente por personal técnico, sin ninguna dependencia de órganos políticos para su nombramiento, incluidas las Sindicaturas de Cuentas de las CCAA.

2.- Educación y cultura:

2.1.- Potenciar la escuela pública y plural como base del progreso social y la convivencia, mediante la transigencia, a través de valores de respeto y la admisión del otro como igual.
2.2.- Desideologizar los contenidos educativos en la educación obligatoria.
2.3.- Articular un sistema de becas que potencie el conocimiento, premie el esfuerzo y, en todo caso, contemple la insuficiencia económica, para quienes no puedan ser atendidos en colegios mayores.
2.4.- Regular la Formación Profesional para que sea una alternativa adecuada al desarrollo personal y de la sociedad.
2.5.- Adecuar las estructuras universitarias a la demandad real, y despolitizar sus órganos de dirección y gestión.

2.6.- Fomentar programas educativos en TV para niños y jóvenes.

2.7.- Poner en marcha un país innovador, con el futuro en el punto de mira, que permita a las generaciones jóvenes ser protagonistas de sus vidas y su tiempo, dedicando un Ministerio al futuro, la innovación y el progreso.

2.8.- Formación cívica desde los primeros conocimientos en la escuela inculcando la idea de pertenencia a la sociedad.

2.9.- Potenciar la formación en las escuelas a través del diálogo permanente entre escolares, padres y formadores. Recuperar la figura del maestro como integrador y formador.

2.10.- Incluir en el sistema educativo a los niños de 0 a 3 años. Fomentar centros de actividades para los niños en donde trabajar áreas como música, ciencia y deporte. Educación pública gratuita y de calidad para todos. Potenciar la figura del maestro rural.

3.- Estado de Bienestar:

3.1.- Determinar las carteras de los servicios públicos por Ley.

3.2.- Acceder a ser trabajador público sólo ha de hacerse bajo los principios constitucionales: igualdad, mérito y capacidad. Los puestos de trabajo, cuyo desempeño implique el ejercicio de potestades públicas, han de ser cubiertos sólo por personal con la condición de funcionario de carrera.

3.3.- Reestructurar y ajustar las dimensiones de las universidades públicas.

3.4.- Fijar por Ley la imposibilidad de acometer proyectos privados que invadan lo público.

3.5.- Imposibilitar por Ley la propaganda de servicios públicos.

4.- Sanidad:

4.1.- Ajustar la oferta de servicios a la necesidad de la población. Determinar la cartera de servicios públicos sanitarios a prestar en todas las Comunidades de forma homogénea.

4.2.- Racionalizar la organización pública sanitaria y prestar servicios en régimen de turnos. Determinar un sistema efectivo de productividad: pagar por hacer y no por ser.

4.3.- Revisar la incompatibilidad de los profesionales sanitarios públicos para prestar servicios en el ámbito privado empresarial.

4.4.- Rescatar las concesiones administrativas de servicios sanitarios públicos o no renovar los contrato y, en tanto se consigue, hacer depender al Comisionado de la Consejería de Hacienda.

4.5.- Diseñar y prever mecanismos de revisión permanente del sistema sanitario público para hacerlo sostenible.

4.6.- Invertir en prevención y cultura de la salud.

4.7.- Prohibir que se publiciten inauguraciones de centros sanitarios durante el año anterior a las elecciones.

4.8.- Regular los ensayos clínicos.

4.9.- Desgravar en renta el 15% del importe del recibo pagado a profesionales sanitarios como titulares de servicios privados o empresariales.

5.- Responsabilidad política:

5.1.- Ligar el patrimonio de los políticos a la responsabilidad de su gestión.

5.2.- Limitar el tiempo del ejercicio del poder.

5.3.- Fijar que el desempeño de las funciones de gestión administrativa y económica para que sean realizadas sólo por funcionarios de carrera, inamovibles salvo por concurso.

5.4.- Limitar el tiempo de permanencia de trabajadores interinos en la Administración.

6.- Actuación política:

6.1.- Crear un tribunal de hombres sabios para analizar el comportamiento de los líderes en comparación a sus promesas y den a conocer su parecer cada trimestre en los medios de comunicación.

6.2.- Firmar notarialmente la renuncia de cualquier cargo para el caso de manifiesto incumplimiento de sus promesas.

7.- Impuestos:

7.1.- Igualar el rendimiento tributario del capital al de las rentas del trabajo.

7.2.- Controlar por ley la especulación tanto inmobiliaria como mobiliaria. Incentivar la compra de vivienda, fijar su precio, sean primera o segunda residencia.

7.3.- Cambiar la tributación del IRPF de tal manera que los ingresos de rentas del trabajo superiores a 300.000 euros sean gravados de forma más progresiva.

7.4.- Potenciar la lucha contra el fraude y la economía sumergida.

7.5.- Impulsar en la Unión Europea los cambios de legislación necesarios para la armonización fiscal de las empresas en todos sus países con el fin de evitar las deslocalizaciones fiscales.

7.6.- Revisar, redimensionar y eliminar los beneficios fiscales de las empresas.

7.7.- Desgravar en la declaración de renta un 15% de las facturas de todos los profesionales a los que se haya acudido en demanda de trabajos, servicios, suministros y consultas, así como por cuidado de enfermos y ancianos.

8.- Circulación del crédito:

8.1.- Creación de una entidad financiera pública sin ánimo de lucro para apoyar a las pequeñas y medianas empresas, sean físicas o jurídicas, o potenciar el Instituto de Crédito Oficial (ICO)

8.2.- Creación de una entidad financiera pública hipotecaria sin ánimo de lucro.

8.3.- Obligar por ley a las entidades financieras privadas a destinar un porcentaje de su capital a dar créditos no usurarios a las pequeñas y medianas empresas.

8.4.- Impedir por ley que las hipotecas tengan asociadas garantías distintas del bien inmueble.

8.5.- Legislar sobre la responsabilidad de los banqueros derivada de mala información y mala gestión, y ligarla a sus patrimonios.

9.- Comunidades Autónomas y racionalidad en el gasto público:

9.1.- Hacer depender de la Intervención General del Estado las Intervenciones de todas las entidades públicas, eliminando la dependencia de órganos políticos.

9.2.- Crear una estructura de coordinación de los presupuestos de todas las entidades públicas.

9.3.- Prohibir modificar el presupuesto de las entidades públicas más de un dos por ciento en todo el ejercicio, salvo emergencias y con conocimiento del Estado.

9.4.- Crear una cámara de compensación para los intercambios de servicios entre las diversas Comunidades Autónomas.

9.5.- Crear un órgano de control para revisar las publicaciones de actos de contenido económico de todas las Comunidades, así como de los tomados por los respectivos gobiernos aunque no se publiquen. Publicidad permanente de estos actos a través de páginas Web.

10.- Dualidad de percepciones del Estado:

10.1.- Incompatibilizar pensiones a cargo del Estado con la realización de trabajos sean remunerados o no.

10.2.- Aumentar las cuantías de las prestaciones sociales para que todas las personas puedan tener una vida digna con la asignación que reciban.

10.3.- Equiparar las prestaciones sociales de menor cantía a un salario mínimo digno que ha de elevarse a importes de países del entorno.

11.- Medioambiente:

11.1.- Ejecutar el plan de reforestación, limpieza de los montes y aprovechamiento del medio ambiente. Incrementar las cabañas caprina y ovina para aprovechar los montes.

11.2.- Poner en funcionamiento un plan integral para aprovechar los excedentes de agua de algunas cuencas consistente en inversión pública de conducción, trasvase y reparación de cauces para evitar pérdidas de agua.

11.3.- Poner en funcionamiento un plan de desaladoras en las vertientes marítimas capaces de satisfacer las necesidades de agua de cada sector territorial.

11.4.- Rediseñar el sistema de almacenamiento de agua en las distintas vertientes para atender las necesidades de la población y la agricultura, capaz de cambiar el monocultivo hacia otras formas de producción de alimentos.

11.5.- Diseñar un plan de actuación para utilizar la resina de los montes y sustituir, en lo posible, productos derivados del petróleo.

12.- Economía:

12.1.- Hacer efectivo el mandato constitucional de la función pública de la riqueza.

12.2.- Limitar las ganancias de intermediarios de cualquier producto para que su beneficio no sea más del diez por ciento del precio pagado por él.

12.3.- Impulsar la oportuna legislación de la UE para aprobar leyes antiusura limitando los rendimientos financieros.

12.4.- Impedir que una persona pueda ganar en España más del cien veces el salario mínimo interprofesional vigente cada año.

13.- Mesura en el dimensionamiento de las instituciones públicas:

13.1.- Acceso a puestos de las Administraciones Públicas solo mediante procesos de selección de acuerdo a los principios de igualdad, mérito y capacidad.

13.2.- Limitar el número del personal asesor a veinticinco por cada gobierno autonómico y uno más por cada quinientos millones de euros de presupuesto.

13.3.- Supresión de las Diputaciones existentes, reducción de concejales y eliminación del Senado, o replanteamiento de su función.

13.4.- Rediseño de los Ayuntamientos de tal manera que agrupen a una población mínima de dos mil habitantes entre términos de una misma provincia. Eliminación de los asesores en los Ayuntamientos.

13.5.- Desaparición de empresas públicas y fundaciones e integración de sus funciones en la competencia de la entidad administrativa a la que estén adscritas por su materia.

14.- Grandes empresas:

14.1.- Regular las entidades financieras y de capital en función del interés general.

14.2.- Fijar los márgenes de beneficio y regular las valoraciones de los inmuebles para otorgar créditos.

14.3- Limitar las retribuciones de los equipos directivos de estas empresas.

14.4.- Incentivar la localización de las empresas en núcleos de población rural para evitar la despoblación del territorio.

14.5.-Modificar el sistema tributario para que las grandes empresas liquiden los impuestos en donde realizan su actividad, no en su domicilio social central.

15.- Varios.

Función Pública:

15.1.- La gestión administrativa y económica pública será realizada sólo por funcionarios de carrera.

15.2.- Fijar la obligación de articular oposiciones y concursos todos los años en el número de plazas necesarias para una atención adecuada de los distintos servicios públicos, y delimitar la responsabilidad por su incumplimiento para los responsables.

15.3.- Articular una organización pública independiente para garantizar la equidad en la prestación de los servicios públicos. Armonizar las retribuciones de los trabajadores públicos, y eliminar diferencias existentes entre sectores o instituciones pagadoras.

15.4.- Incompatibilizar la actividad política de representación parlamentaria y de los cargos electos que cobren un sueldo del Estado, o de cualquier otra Institución Pública, con cualquier otra actividad remunerada.

15.5.- Imposibilitar la actividad laboral de ex cargos políticos en empresas del sector del que hayan sido responsables competencialmente, o con quienes hayan podido tener relación en su actividad político pública.

15.6.- Exigir un dictamen vinculante del Consejo de Estado para otorgar la compatibilidad de trabajo de ex cargos políticos y, en su caso, dejar de pagarles asignación del Estado por su estatus.

Investigación y desarrollo:

15.7.- Dedicar a investigación, al menos un dos y medio por ciento del presupuesto de gastos del Estado y de las CCAA.

15.8.- Unificar las instituciones de investigación, sea cual sea su denominación, de forma que no haya más de una por cada territorio autónomo, siendo objetivo el reunir en un único centro nacional de investigación todos los recursos disponibles para ello.

Empresas públicas:

15.9.- Aglutinar las Televisiones Autonómicas en una sola empresa que cubra los territorios de todas las Comunidades y esté al servicios de la identidad de cada pueblo, con una dimensión razonable, regida por un Consejo compuesto por tantos consejeros como autonomías y uno más por cada territorio que tenga población superior al millón de habitantes.

Justicia:

15.10.- Revisar los plazos de los procesos judiciales para poner la justicia al servicio de los ciudadanos. Arbitrar medidas para terminar con el retraso histórico en la aplicación de la justicia.
15.11.- Modificar todas las normas referidas a nombramientos de las personas que ejerzan la justicia y gobiernen sus órganos, para eliminar cualquier intromisión de los poderes legislativo y ejecutivo en el judicial.
15.12.- Revisar las gradaciones de las penas vigentes, aumentando aquellas que se refieran al daño infringido a la sociedad, sea económico o moral.
15.13.- Eliminar los aforamientos de personas en razón de su cargo, estos no hacen otra cosa que agrandar las diferencias entre elegidos y electores, contrario a la Constitución.
15.14.- Eliminar cualquier tasa para ejercer el derecho a acudir a los jueces, sea cual sea su grado o el del órgano a que pertenezca.

Notas.

Direcciones Web para participar en este espacio de opinion, propuestas y compromiso.

**cyde.es
ciudadanosydemocracia.es**

Las opiniones son responsabilidad de quien las emita. Deberán constar los datos de su autor, de lo contrario no se publicarán.

Las personas que se registren podrán hacerlo como interesados en los fines o sólo para aportar comentarios y opiniones.

Cuando las personas interesadas superen el número de mil, se citará a una asamblea para debatir la viabilidad de convertir este foro en organización social. El coste de la asamblea será asumido por quienes se inscriban para asistir, para ello se abrirá una cuenta bancaria en la que se ingresará el importe correspondiente. Cada asistente se pagará sus gastos.

Nota final.

La propuesta global que se formula en este texto se hace como aportación a la sociedad, por ello se pone de manifiesto el agradecimiento a las organizaciones existentes, o que pudieran existir, que las asuman en su totalidad o en parte y las incorporen a sus programas de actuación.

Felipe López Moreno

. Nació en El Cañavate, Cuenca.
. Licenciado en Derecho por la Universidad
 de Valencia.
. Ex - funcionario de la Generalitat Valenciana.
. Jubilado.

www.ingramcontent.com/pod-product-compliance
Lightning Source LLC
Chambersburg PA
CBHW070922290526
45795CB00001B/384